Cândido
ou
o Otimismo

Dados Internacionais de Catalogação na Publicação (CIP)
(Câmara Brasileira do Livro, SP, Brasil)

Voltaire, 1694-1778
Cândido, ou o Otimismo / Voltaire ; tradução Fábio Creder ; traduzido do alemão do Sr. Dr. Ralph. – Petrópolis, RJ : Editora Vozes, 2021. – (Coleção Vozes de Bolso)

Título original: Candide ou l'Optimisme
ISBN 978-65-5713-392-7

1. Filosofia I. Título II. Série.

21-76099 CDD-100

Índices para catálogo sistemático:
1. Filosofia 100

Aline Graziele Benitez – Bibliotecária – CRB-1/3129

Voltaire

Cândido ou o Otimismo

Traduzido do Alemão do Sr. Dr. Ralph

MDCCIX

Vozes de Bolso

Tradução realizada a partir do original em francês intitulado
Candide ou l'Optimisme

Rua Frei Luís, 100
25689-900 – Petrópolis, RJ
www.vozes.com.br
Brasil

Diagramação: Sheilandre Desenv. Gráfico
Revisão gráfica: Anna Carolina Guimarães
Capa: Ygor Moretti

ISBN 978-65-5713-392-7

Editado conforme o novo acordo ortográfico.

Este livro foi composto e impresso pela Editora Vozes Ltda.

Sumário

1 Como Cândido foi criado num belo castelo, e como foi expulso dele, 7

2 O que Cândido se tornou entre os búlgaros, 11

3 Como Cândido se salvou dos búlgaros, e o que se tornou, 19

4 Como Cândido encontrou o seu antigo mestre de filosofia, o Dr. Pangloss, e o que disso adveio, 24

5 Tempestade, naufrágio, terremoto, e o que adveio ao Dr. Pangloss e a Cândido e ao anabatista Tiago, 30

6 Como se fez um belo auto de fé para impedir os terremotos, e como Cândido levou uma surra no traseiro, 35

7 Como uma velha cuidou de Cândido, e como ele reencontrou aquilo de que gostava, 40

8 História de Cunegunda, 43

9 O que aconteceu com Cunegunda, com Cândido, com o grande inquisidor e com um judeu, 49

10 Em que aflição Cândido, Cunegunda e a velha chegam a Cádiz e de seu embarque, 52

11 História da velha, 56

12 Continuação dos infortúnios da velha, 61

13 Como Cândido foi obrigado a separar-se da bela Cunegunda e da velha, 67

14 Como Cândido e Cacambo foram recebidos pelos jesuítas do Paraguai, 72

15 Como Cândido matou o irmão de sua querida Cunegunda, 77

16 O que acontece com os dois viajantes, com duas moças, dois macacos e os selvagens chamados Oreillons, 80

17 Chegada de Cândido e de seu valete ao país do Eldorado, 85

18 O que eles viram no país do Eldorado, 90

19 O que lhes aconteceu em Suriname, e como Cândido conheceu Martinho, 98

20 O que aconteceu no mar a Cândido e a Martinho, 105

21 Cândido e Martinho se aproximam da costa da França e discutem, 110

22 O que aconteceu na França a Cândido e a Martinho, 113

23 Cândido e Martinho vão para a costa da Inglaterra, e o que eles veem ali, 128

24 De Paquette e do irmão Giroflée, 132

25 Visita ao Sr. Pococurantè, nobre veneziano, 138

26 De um jantar que Cândido e Martinho participaram com seis estrangeiros, e quem eles eram, 146

27 Viagem de Cândido a Constantinopla, 151

28 O que aconteceu a Cândido, a Cunegunda, a Pangloss, a Martinho, etc., 157

29 Como Cândido reencontrou Cunegunda e a velha, 162

30 Conclusão, 165

Ao leitor, 171

Gravura de W. Bock. 1771. Nuremberg, German Museum.

1
Como Cândido foi criado num belo castelo, e como foi expulso dele

Havia na Vestfália, no castelo do senhor barão de Thunder-ten-tronckh, um rapaz a quem a natureza dera os modos mais suaves. Sua fisionomia anunciava a sua alma. Tinha o juízo bastante reto, com o espírito mais simples; era, creio, por essa razão que o chamavam de *Cândido*. Os antigos domésticos da casa suspeitavam que ele fosse filho da irmã do senhor barão e de um bom e honesto cavalheiro da vizinhança, a quem essa senhorita nunca quis desposar porque ele só conseguiu comprovar setenta e um quartos, e porque o resto de sua árvore genealógica tinha se perdido pela injúria do tempo.

O senhor barão era um dos mais poderosos senhores da Vestfália, pois o seu castelo tinha uma porta e janelas. Até mesmo a sua grande sala era ornada de uma tapeçaria. Todos os cães de seus quintais compunham uma matilha, quando necessário; os seus palafreneiros eram os seus adestradores; o vigário da cidade era o seu capelão-mor. Todos o chamavam de "meu senhor" e riam quando ele contava estórias.

A senhora baronesa, que pesava cerca de trezentas e cinquenta libras, atraía por isso uma enorme consideração, e fazia as honras da casa com uma dignidade que a tornava ainda mais respeitável. Sua filha, Cunegunda, de dezessete anos, era corada, fresca, gorda e apetitosa. O filho do barão parecia em tudo digno do seu pai. O preceptor Pangloss era o oráculo da casa, e o pequeno Cândido escutava as suas lições com toda a boa-fé de sua idade e de seu caráter.

Pangloss ensinava metafísica, teologia, cosmologia e nigologia. Ele provava admiravelmente que não há efeito sem causa, e que, no melhor dos mundos possíveis, o castelo do senhor barão era o mais belo dos castelos, e a senhora, a melhor das baronesas possíveis.

"Está demonstrado", dizia ele, "que as coisas não podem ser de outro jeito: pois tudo sendo feito para um fim, tudo é necessariamente para o melhor fim. Notem bem que os narizes foram feitos para portar óculos, por isso temos óculos. As pernas foram visivelmente instituídas para serem vestidas com calças, e nós temos calças. As pedras foram formadas para serem talhadas e para fazerem castelos; por isso, meu senhor tem um belíssimo castelo; o maior barão da província deve ser o mais bem alojado; e os porcos, sendo feitos para serem comidos, nós comemos porcos durante o ano todo; por conseguinte, aqueles que afirmaram que tudo está bem disseram uma bobagem; era preciso dizer que tudo está no melhor."

Cândido escutava atentamente e acreditava, inocentemente, pois ele achava a senhorita Cunegunda extremamente bela, embora nunca tivesse tido a ousadia de dizer isso a ela. Concluía que, depois da felicidade de ter nascido barão de Thunder-ten-tronckh, o segundo grau de felicidade era ser a senhorita Cunegunda; o terceiro, vê-la todos os dias; e o quarto, ouvir mestre Pangloss, o maior filósofo da província e, por conseguinte, de toda a Terra.

Gravura de Bernard Picart.

Um dia, Cunegunda, passeando perto do castelo, no pequeno bosque a que chamavam parque, viu, por entre o matagal, o Dr. Pangloss, que dava uma aula de física experimental à camareira de sua mãe, moreninha muito bonita e muito dócil. Como a senhorita Cunegunda tinha muita disposição para as ciências, ela observou, sem sofrer, as experiências reiteradas de que foi testemunha; ela viu claramente a razão suficiente do doutor, os efeitos e as causas, e voltou muito agitada, toda pensativa, toda cheia do desejo de ser sábia, pensando que ela bem que poderia ser a razão suficiente do jovem Cândido, que podia também ser a dela.

Ela encontrou Cândido ao voltar para o castelo, e corou; Cândido também corou; ela lhe disse bom-dia com uma voz entrecortada, e Cândido falou com ela sem saber o que dizia. No dia seguinte, depois do jantar, ao saírem da mesa, Cunegunda e Cândido se encontraram atrás de um biombo; Cunegunda deixou cair o lenço; Cândido o recolheu, ela lhe tomou inocentemente a mão, o rapaz beijou inocentemente a mão da moça com uma vivacidade, uma sensibilidade, uma graça toda particular; as suas bocas se encontraram, os olhos se inflamaram, os joelhos tremeram, as mãos se desviaram. O senhor barão de Thunder-ten-tronckh passou perto do biombo e, vendo essa causa e esse efeito, expulsou Cândido do castelo com grandes pontapés no traseiro; Cunegunda desmaiou; foi esbofeteada pela senhora baronesa logo que voltou a si; e tudo ficou consternado no mais belo e mais agradável dos castelos possíveis.

Gravura alemã, origem desconhecida.

2
O que Cândido se tornou entre os búlgaros

Cândido, expulso do paraíso terrestre, caminhou por muito tempo sem saber por onde, chorando, erguendo os olhos para o céu, voltando-os muitas vezes para o mais belo dos castelos que encerrava a mais bela das baronesas; dormiu sem jantar no meio dos campos, entre dois sulcos; a neve caía em grandes flocos. Cândido, todo transido, arrastou-se no dia seguinte para a cidade vizinha, que se chama Valdberghoff-trarbk-dikdorff, não tendo nenhum dinheiro, morrendo de fome e de lassidão.

Parou tristemente à porta de um taberna. Dois homens vestidos de azul o notaram: "Camarada", disse um deles, "aí está um rapaz muito elegante e que tem a estatura necessária". Avançaram em direção a Cândido e lhe pediram, com muita civilidade, que jantasse. "Meus senhores", disse-lhes Cândido com uma modéstia encantadora, "fico muito honrado, mas não tenho com que pagar a minha parte." "Ah! Meu senhor", disse-lhe um dos azuis, "as pessoas de vossa figura e mérito nunca pagam nada: não tendes cinco pés e cinco polegadas de altura?" "Sim, senhores, é o meu tamanho", disse ele, fazendo uma reverência. "Ah, meu senhor! Ponde-vos à mesa; não somente pagaremos a conta como jamais permitiremos que um homem como vós esteja sem dinheiro; os homens só são feitos para socorrer uns aos outros." "Tendes razão", disse Cândido, "é o que o senhor Pangloss sempre me disse, e bem vejo que tudo está no melhor." Pedem-lhe que aceite algumas moedas, ele as aceita e quer fazer-lhes uma nota promissória; não querem nada disso, sentam-se à mesa: "Vós não amais com ternura?...". "Oh, sim!", respondeu ele, "amo com ternura a senhorita Cunegunda." "Não", disse um desses senhores, "estamos vos perguntando se não amais com ternura o rei dos búlgaros." "Não, mesmo", disse ele, "pois nunca o vi." "Como? É o mais encantador de todos os reis, e temos de beber à sua saúde." "Ah! Com muito gosto, meus senhores." E ele bebe. "Basta", dizem-lhe. "Eis que sois o apoio, o sustentáculo, o defensor, o herói dos búlgaros; vossa fortuna está feita e vossa glória está assegurada." Colocam-lhe imediatamente ferros nos pés e levam-no para o regimento. Fazem-no virar à direita, à esquerda, levantar a vareta, recolocar a vareta, mirar, atirar, dobrar o passo, e dão-lhe trinta

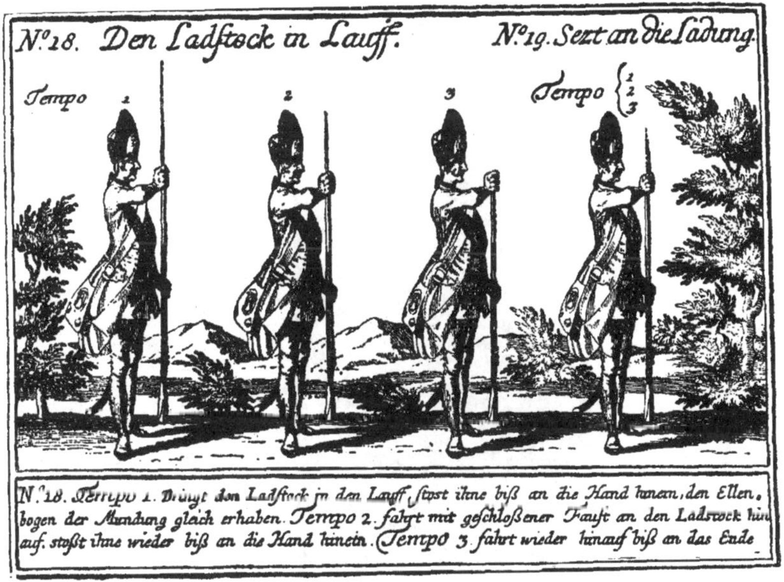

Gr. de Engelbrecht, *Manuale und Handgriffe der Infanterie nach dem Kaiserl. Wurtemberg Regiment zu Fuss*, 1735.

cacetadas; no dia seguinte, ele faz o exercício um pouco menos mal e recebe apenas vinte pancadas; dois dias depois só lhe dão dez, e ele passa a ser visto pelos seus camaradas como um prodígio.

Cândido, completamente estupefato, ainda não distinguia muito bem como ele era um herói: num belo dia de primavera, teve a ideia de ir passear, caminhando sempre em frente, acreditando que era

Acampamento prussiano em 1785. Gravura de Jury. Bibl. de Berlim.

um privilégio da espécie humana, como da espécie animal, servir-se das pernas a seu bel-prazer. Mal andou duas léguas, eis que quatro outros heróis de seis pés o alcançam, o amarram e o levam para uma masmorra. Perguntaram-lhe juridicamente o que preferia: ser fustigado trinta e seis vezes por todo o regimento, ou receber ao mesmo tempo doze balas de chumbo no cérebro. Embora dissesse que as vontades são livres e que não queria nem uma coisa nem outra, foi preciso fazer uma escolha; determinou-se, em virtude do dom de Deus a que chamam liberdade, a passar trinta e seis vezes pelas chibatas; aguentou duas rodadas. O regimento era composto de dois mil homens: isso lhe valeu quatro mil golpes de chibata que, desde as nádegas lhes

Gr. de Chodowiecki (1726-1801).

descobriram os músculos e os nervos. Como iam proceder à terceira rodada, Cândido, não aguentando mais, pediu como graça que aceitassem ter a bondade de lhe quebrar a cabeça; ele obteve esse favor. Vendaram-lhe os olhos, fizeram-no ajoelhar-se. O rei dos búlgaros passou nesse momento, informou-se do crime do paciente; e, como esse rei tinha um grande gênio, compreendeu, por tudo o que

Gr. de Chodowiecki.

ouviu de Cândido, que se tratava de um jovem metafísico, completamente ignorante das coisas deste mundo, e concedeu-lhe a sua graça com uma clemência

Gr. extraída de Von Fleming. *Der Volkommene Teutsche Soldat*. Leipzig, 1726.

que será louvada em todos os jornais e em todos os séculos. Um bom cirurgião curou Cândido em três semanas com os emolientes ensinados por Dioscórides. Ele já tinha um pouco de pele e podia andar quando o rei dos búlgaros travou batalha contra o rei dos abares.

Acampamento prussiano, cerca de 1750. Grav. de J.-B. Probst. Cab. d'est. de Munich.

3
Como Cândido se salvou dos búlgaros, e o que se tornou

Nada era tão belo, tão lesto, tão brilhante, tão bem-ordenado quanto os dois exércitos. Os trompetes, os pífaros, os oboés, os tambores, os canhões formavam uma harmonia tal como nunca houve no inferno. Os canhões derrubaram de início cerca de seis mil homens de cada lado; em seguida, a rajada de mosquetes tirou do melhor dos mundos

Batalha de Leipzig em 1760. Grav. de G. Stettner. Nuremberg, Germanisches Museum.

por volta de nove a dez mil malandros que lhe infectavam a superfície. A baioneta também foi a razão suficiente da morte de alguns milhares de homens. O total bem podia chegar a uma trintena de mil almas. Cândido, que tremia como um filósofo, escondeu-se o melhor que pôde durante essa carnificina heroica.

Finalmente, enquanto ambos os reis faziam cantar o *Te Deum*, cada um em seu campo, ele tomou o partido de ir raciocinar alhures sobre efeitos e causas. Passou por cima de montes de mortos e de moribundos e chegou primeiro a uma aldeia vizinha; ela estava em cinzas: era uma aldeia abar que os búlgaros haviam queimado segundo as leis do direito público. Aqui, velhos crivados de tiros olhavam morrer as suas mulheres degoladas, que mantinham os filhos nas mamas ensanguentadas; ali, moças estripadas após terem saciado as necessidades naturais de alguns heróis davam os últimos suspiros; outras, meio queimadas, gritavam que terminassem de matá-las. Cérebros estavam espalhados sobre a terra, ao lado de braços e pernas mutilados

Cândido fugiu o mais depressa que pôde para outra aldeia; ela pertencia aos búlgaros, e os heróis abares a haviam tratado da mesma maneira. Cândido, sempre caminhando sobre membros palpitantes ou através de ruínas, chegou enfim fora do teatro da guerra, trazendo algumas pequenas provisões em seu alforje e não esquecendo nunca a senhorita Cunegunda. Faltaram-lhe provisões quando chegou à Holanda; mas tendo ouvido dizer que todo mundo era rico nesse país, e que o povo dali era cristão, não teve dúvidas de que o tratariam tão bem quanto o havia sido no castelo do senhor barão antes que de lá fosse expulso pelos belos olhos da senhorita Cunegunda.

Pediu esmola a vários graves personagens, que lhe responderam todos que, se ele continuasse a exercer esse ofício, o encerrariam numa casa de correção para que aprendesse a viver.

Dirigiu-se depois a um homem que acabara de falar sozinho por uma hora seguida sobre a caridade numa grande assembleia. Esse orador, olhando-o de través, disse-lhe: "O que é que o senhor veio fazer aqui? Está aqui pela boa causa?". "Não existe efeito sem causa", respondeu modestamente Cândido, "tudo está encadeado necessariamente e arranjado para o melhor. Foi preciso que eu fosse expulso de junto da senhorita Cunegunda, que tivesse passado pelas chibatas, e é preciso que eu peça o meu pão até que possa ganhá-lo; tudo isso não podia ser de outra maneira." "Meu amigo", disse-lhe o orador, "o senhor acredita que o papa seja o anticristo?" "Eu ainda não o ouvi falar", respondeu Cândido; "mas quer ele o seja, quer não seja, me falta pão." "Não mereces comê-lo", disse o outro; "vai, malandro, vai, miserável, não se aproxime de mim pelo resto da tua vida." A mulher do orador, tendo posto a cabeça na janela e avistando um homem que duvidava que o papa fosse o anticristo, derramou-lhe na cabeça um... cheio. Ó céu! A que excesso chega o zelo da religião nas senhoras!

Um homem que não havia sido batizado, um bom anabatista chamado Tiago, viu a maneira cruel e ignominiosa com que assim se tratava um de seus irmãos, um ser de dois pés sem penas, que tinha uma alma; ele o levou à sua casa, limpou-o, deu-lhe pão e cerveja, presenteou-o com dois florins, e até quis ensinar-lhe a trabalhar nas suas manufaturas de tecidos da Pérsia que se fabricam na Holanda. Cândido, prosternando-se diante dele, exclamou: "Mestre Pangloss bem que me havia dito que tudo estava no melhor nesse mundo, pois estou infinitamente mais tocado com a vossa extrema generosidade do que com a severidade desse senhor de sobretudo preto e da senhora sua esposa".

No dia seguinte, enquanto passeava, encontrou um mendigo todo coberto de pústulas, com os olhos mortos, a ponta do nariz roída, a boca torta, os dentes pretos e falando com uma voz gutural, atormentado por uma tosse violenta e cuspindo um dente a cada esforço.

Gr. de Marguerite Lecomte, 1753.

Gr. de Rugendas. Cab. d'est. de Munich.

4
Como Cândido encontrou o seu antigo mestre de filosofia, o Dr. Pangloss, e o que disso adveio

Cândido, mais movido de compaixão do que de horror, deu a esse espantoso mendigo os dois florins que ele havia recebido de seu honesto anabatista Tiago. O fantasma olhou para ele fixamente, verteu lágrimas e saltou no seu pescoço. Cândido, apavorado, recuou. "Ah!", disse o miserável ao outro miserável, "não estais mais reconhecendo o vosso querido Pangloss?" "Que ouço eu? O senhor, meu querido mestre! O senhor, nesse estado horrível! Que desgraça então vos sobreveio? Por que não estais mais no mais belo dos castelos? O que aconteceu com a senhorita Cunegunda, a pérola das mocinhas, a obra-prima da natureza?" "Não aguento mais", disse Pangloss. Imediatamente Cândido o levou ao estábulo do anabatista, onde o fez comer um pouco de pão; e quando Pangloss já estava refeito: "E então", disse-lhe ele, "Cunegunda?" "Morreu", retomou o outro. Cândido desmaiou ao ouvi-lo dizer essa palavra; o amigo o fez recobrar os sentidos com um pouco de vinagre ruim que se encontrava por acaso no estábulo. Cândido reabre os olhos. "Cunegunda está morta! Ah, melhor dos mundos, onde estais? Mas de que doença ela morreu? Não seria por me ter visto ser expulso do belo castelo do senhor seu pai a grandes pontapés?" "Não", disse Pangloss, "ela foi estripada por soldados búlgaros, depois de ter sido violada tanto quanto se pode sê-lo; eles quebraram a cabeça do senhor barão, que queria defendê-la; a senhora baronesa foi cortada em pedaços; meu pobre pupilo, tratado exatamente como a irmã; e quanto ao castelo, não ficou pedra sobre pedra, nem um celeiro, nem um carneiro, nem um pato, nem uma árvore; mas fomos bem vingados, pois os abares fizeram o mesmo numa baronia vizinha que pertencia a um senhor búlgaro."

Ao ouvir isso, Cândido desmaiou de novo; mas, voltando a si e tendo dito tudo o que devia dizer, inquiriu acerca da causa e do efeito, e da razão suficiente que havia colocado Pangloss num estado tão lamentável. "Ah!", disse o outro, "é o amor; o amor, o consolador do gênero humano, o conservador do universo, a alma de todos os seres sensíveis, o terno amor." "Que pena!", disse Cândido, "eu o conheci, esse amor, esse soberano dos corações, essa alma de nossa alma; ele nunca me valeu mais de um beijo e vinte pontapés no traseiro. Como essa bela causa pôde produzir em vós um efeito tão abominável?"

Pangloss respondeu nestes termos: "Ó meu caro Cândido! Conhecestes Paquette, aquela bela acompanhante de nossa augusta baronesa; degustei em seus braços as delícias do paraíso, que produziram estes tormentos infernais pelos quais me vedes devorado. Ela estava infectada, talvez tenha morrido disso. Paquette recebera esse presente de um frade franciscano muito sábio, que remontara à fonte; pois ele a pegara de uma velha condessa, que a recebera de um capitão de cavalaria, que a devia a uma marquesa, que a pegara de um pajem, que a recebera de

Vista de Lisboa. Gr. de Papillon.

um jesuíta, que, sendo noviço, a contraíra em linha direta de um dos companheiros de Cristóvão Colombo. Quanto a mim, não a passarei a ninguém, pois estou morrendo".

"Ó Pangloss!", exclamou Cândido, "eis uma estranha genealogia! Não foi o diabo a sua estirpe?" "Não mesmo!", replicou aquele grande homem; "era uma coisa indispensável no melhor dos mundos, um ingrediente necessário; pois se Colombo não tivesse pegado, numa ilha da América, essa doença que envenena a fonte da geração, que muitas vezes até impede a geração, e que é evidentemente o oposto do grande desígnio da natureza, não teríamos nem o chocolate nem a cochonilha. Há que se observar ainda que, até hoje, em nosso continente, essa doença nos é particular como a controvérsia. Os turcos, os indianos, os persas, os chineses, os siameses, os japoneses não a conhecem ainda; mas há uma razão suficiente para que a conheçam, por sua vez, em alguns séculos. Enquanto isso, ela fez um maravilhoso pro-

(cont.)

gresso entre nós, e sobretudo nos grandes exércitos compostos de honestos estipendiários, bem-criados, que decidem do destino dos Estados; pode-se assegurar que, quando trinta mil homens combatem em batalha campal contra tropas de igual número, há cerca de vinte mil sifilíticos de cada lado."

"Eis algo admirável", disse Cândido, "mas é preciso curá-lo." "E como posso fazê-lo?", disse Pangloss, "eu não tenho um centavo, meu amigo; e, em toda a extensão deste globo, não se pode nem fazer uma sangria, nem tomar uma lavagem sem pagar, ou sem que haja alguém que pague por nós."

Este último discurso determinou Cândido; ele foi se lançar aos pés de seu caridoso anabatista Tiago e lhe fez uma pintura tão tocante do estado a que seu amigo estava reduzido, que o bom homem não hesitou em recolher o Dr. Pangloss; fê-lo tratar-se às suas expensas. Pangloss, no tratamento, só perdeu um olho e uma orelha. Ele escrevia bem e sabia perfeitamente a aritmética. O anabatista Tiago fez dele o seu guarda-livros. Ao cabo de dois meses, sendo obrigado a ir a Lisboa para cuidar dos negócios de seu comércio, levou em seu navio os dois filósofos. Pangloss lhe explicou como tudo era impossível ser melhor. Tiago não era de sua opinião. "É preciso", dizia ele, "que os homens tenham corrompido um pouco a natureza, pois não nasceram lobos, e se tornaram lobos: Deus não lhes deu canhões de vinte e quatro polegadas nem baionetas, e eles fizeram baionetas e canhões para se destruir. Eu poderia listar as bancarrotas, e a justiça que se apossa dos bens dos bancarroteiros para frustrar os credores." "Tudo isso era indispensável", replicava o doutor zarolho, "e os infortúnios particulares fazem o bem geral, de sorte que quanto mais houver infortúnios particulares, mais tudo ficará bem." Enquanto ele arrazoava, o céu escureceu, os ventos sopraram dos quatro cantos do mundo e o navio foi assaltado pela mais horrível tempestade, à vista do porto de Lisboa.

Terremoto de Lisboa. Gr. de Papillon. 1755.

5
Tempestade, naufrágio, terremoto, e o que adveio ao Dr. Pangloss e a Cândido e ao anabatista Tiago

A metade dos passageiros enfraquecidos, agonizantes por aquelas angústias inconcebíveis que o balanço de um navio provoca nos nervos e em todos os humores do corpo agitados em sentido contrário, não tinha força sequer para se preocupar com o perigo. A outra metade

(cont.)

soltava gritos e fazia orações; as velas estavam rasgadas, os mastros quebrados, o casco entreaberto. Trabalhava quem podia, ninguém se entendia, ninguém comandava. O anabatista ajudava um pouco na manobra; ele estava no tombadilho; um marujo furioso o golpeou brutalmente e o estendeu no assoalho; mas, do golpe que deu, ele mesmo sofreu um choque tão violento que caiu para fora do barco, de ponta-cabeça. Ficou suspenso e dependurado a uma parte do mastro rompido. O bom Tiago correu em seu socorro, o ajudou a subir de volta e, com o esforço que fez, foi precipitado no mar à vista do marujo, que o deixou perecer sem sequer olhar para ele. Cândido se aproximou, viu o seu benfeitor, que reapareceu um momento e foi engolido para sempre. Quis se lançar atrás dele no mar; mas o filósofo Pangloss o impediu, provando-lhe que a baía de Lisboa havia sido feita de propósito para que esse anabatista nela se afogasse. Enquanto ele provava *a priori*, o navio se entreabriu, tudo pereceu, com exceção de Pangloss, de Cândido e desse brutal marinheiro que havia afogado o virtuoso anabatista; o malandro nadou com sucesso até a praia aonde Pangloss e Cândido foram levados em uma tábua.

Quando voltaram um pouco a si, caminharam rumo a Lisboa; ainda lhes restava algum dinheiro, com o qual esperavam se salvar da fome depois de terem escapado da tempestade.

Mal colocaram os pés na cidade, chorando a morte de seu benfeitor, sentiram a terra tremer sob os seus passos; o mar se levanta borbulhante no porto e destroça os navios que estão ancorados. Turbilhões de chamas e de cinzas cobriram as ruas e as praças públicas; as casas desmoronam, os telhados foram derrubados sobre as fundações, e as fundações se dispersaram; trinta mil habitantes de toda idade e de todo sexo são esmagados sob as ruínas. O marinheiro dizia, vaiando e blasfemando: "Haverá alguma coisa a ganhar aqui". "Qual pode ser a razão suficiente deste fenômeno?", dizia Pangloss. "Eis o último dia do mundo!", exclamava Cândido. O marujo correu incontinente para o meio dos escombros, enfrentou a morte para procurar dinheiro, encontrou, apropriou-se dele, embriagou-se, e, tendo ficado sóbrio do vinho, comprou os favores da primeira mulher de boa vontade que encontra sobre as ruínas das casas destruídas e em meio a moribundos e mortos. Pangloss, entretanto, o puxava pela manga. "Meu amigo", dizia-lhe, "isso não fica bem; estais faltando com a razão universal, estais empregando mal o vosso tempo." "Cabeça e sangue!", respondeu o outro, "sou marinheiro e nascido na Batávia; pisei quatro vezes no crucifixo em quatro viagens ao Japão; achaste mesmo teu homem com tua razão universal!"

Alguns estilhaços de pedra tinham ferido Cândido; ele estava estendido na rua e coberto de escombros. Dizia a Pangloss: "Ai! Arranja-me um pouco de vinho e óleo; estou morrendo!". "Este terremoto não é algo novo", respondeu Pangloss; "a cidade de Lima sofreu os mesmos abalos na América no ano passado; mesmas causas, mesmos efeitos: existe certamente uma corrente de enxofre debaixo da terra, desde Lima até Lisboa." "Nada é mais provável", diz Cândido, "mas, por Deus, um pouco de óleo e de vinho." "Como provável?", replicou o filósofo, "sustento que a coisa está demonstrada." Cândido perdeu os sentidos, e Pangloss lhe trouxe um pouco de água de uma fonte vizinha.

No dia seguinte, tendo encontrado algumas provisões esgueirando-se através dos escombros, eles recuperaram um pouco as forças. Em seguida, trabalharam como os demais para aliviar os habitantes que tinham escapado da morte. Alguns cidadãos socorridos por eles lhes deram um jantar tão bom quanto se podia após tamanho desastre: é verdade que a refeição foi triste, os convivas regavam o pão com suas lágrimas. Mas Pangloss os consolou garantindo-lhes que as coisas não podiam ser de outra maneira: "Porque", disse ele, "tudo isto é o que há de melhor. Pois, se há um vulcão em Lisboa, ele não podia estar em outro lugar. Porque é impossível que as coisas não estejam onde estão. Pois tudo está bem."

Um homenzinho de preto, familiar da Inquisição, que estava ao seu lado, tomou polidamente a palavra e disse: "Aparentemente o senhor não acredita no pecado original; *pois*, se tudo está no melhor, não há, portanto, nem queda nem punição".

"Peço muito humildemente perdão a Vossa Excelência", respondeu Pangloss ainda mais polidamente, "pois a queda do homem e a maldição entravam necessariamente no melhor dos mundos possíveis." "Então o senhor não crê na liberdade?", disse o familiar. "Vossa Excelência irá me desculpar", disse Pangloss; "a liberdade pode subsistir com a necessidade absoluta, pois era necessário que fôssemos livres; pois enfim a vontade determinada..." Pangloss estava no meio da frase quando o familiar acenou com a cabeça para o seu guarda-costas que lhe servia vinho do Porto, ou d'Oporto.

Tribunal da Inquisição. [Dellon]. *Relatório da Inquisição de Goa.* Lion, Viret, 1701, in-12.

6
Como se fez um belo auto de fé para impedir os terremotos, e como Cândido levou uma surra no traseiro

Depois do terremoto que destruíra três quartos de Lisboa, os sábios do país não encontraram um meio mais eficaz para prevenir uma ruína total senão dar ao povo um belo auto de fé; fora decidido pela universidade de Coimbra que o espetáculo de algumas pessoas queimadas em fogo brando, em grande cerimônia, é um segredo infalível para impedir a terra de tremer.

Tribunal da Inquisição. [Dellon]. *Relatório da Inquisição de Goa.* Lion, Viret, 1701, in-12.

Homme qui va etre brulé par arrest de l'Inquisition .

Tribunal da Inquisição. [Dellon]. *Relatório da Inquisição de Goa.* Lion, Viret, 1701, in-12.

Prendera-se, por conseguinte, um biscainho convencido de ter desposado a sua comadre, e dois portugueses que, comendo frango, retiraram-lhe o toucinho; vieram prender depois do jantar o Dr. Pangloss e o seu discípulo Cândido, um por ter falado e o outro por ter escutado com ar de aprovação: ambos foram levados separadamente para cômodos de um extremo frescor, nos quais nunca se era incomodado pelo sol; oito dias depois foram ambos vestidos com um *sambenito*, e ornaram as suas cabeças com mitras de papel: a mitra e o sambenito de Cândido eram cheios de chamas invertidas e diabos que não tinham nem rabos nem garras; mas os diabos de Pangloss tinham garras e rabos, e as chamas eram direitas. Caminharam em procissão vestidos assim, e ouviram um sermão muito comovente, seguido de uma bela música em falso bordão. Cândido foi surrado em cadência, enquanto se cantava; o biscainho e os dois homens que não quiseram comer toucinho foram queimados, e Pangloss foi enforcado, embora não fosse o costume. No mesmo dia a terra tremeu de novo com um estrépito espantoso.

Cândido, horrorizado, estupefato, perdido, todo sangrando, todo palpitante, dizia a si mesmo: "Se é aqui o melhor dos mundos possíveis, como são então os outros? Ainda vá se eu fosse apenas surrado, já o fui entre os búlgaros; mas, ó meu caro Pangloss, o maior dos filósofos, era preciso ter visto vos enforcarem sem que eu saiba por quê?! Ó meu caro anabatista, o melhor dos homens, era preciso que fosses afogado no porto?! Ó senhorita Cunegunda, a pérola das moças, era preciso que vos tivessem rasgado o ventre?!".

Ele voltava, mal se sustentando, admoestado, surrado, absolvido e abençoado, quando uma velha o abordou e lhe disse: "Meu filho, tomai coragem, segui-me."

História das inquisições. Çolônia, P. Marteau 1759, in-12.

7
Como uma velha cuidou de Cândido, e como ele reencontrou aquilo de que gostava

Cândido não tomou coragem, mas seguiu a velha em um casebre; ela lhe deu um pote de pomada para se esfregar, deixou-lhe o que comer e beber; mostrou-lhe uma caminha bastante limpa; havia ao pé da cama um traje completo. "Comei, bebei e dormi", disse-lhe ela, "e que Nossa Senhora de Atocha, monsenhor Santo Antônio de Pádua e monsenhor São Tiago de Compostela cuidem de vós: voltarei amanhã." Cândido, ainda atônito com tudo o que vira, com tudo o que sofrera, e ainda mais com a caridade da velha, quis beijar-lhe a mão. "Não é a minha mão que tendes de beijar", disse a velha, "eu voltarei amanhã. Esfregai a pomada, comei e dormi."

Cândido, apesar de tantas desgraças, comeu e dormiu. No dia seguinte, a velha lhe trouse o almoço, examinou as suas costas, as esfregou ela mesma com uma outra pomada; trouxe-lhe, em seguida, o jantar e voltou ao anoitecer para levar a ceia. No outro dia, fez de novo as mesmas cerimônias. "Quem é a senhora?", perguntava-lhe sempre Cândido. "Quem lhe inspirou tanta bondade? Que graças posso lhe dar?" A boa senhora nunca respondia nada; voltou ao cair da noite e, dessa vez, não lhe trouxe a ceia. "Vinde comigo", disse ela, "e não dizei nada." Ela o tomou pelo braço e caminhou com ele pelo campo por cerca de um quarto de milha; chegam a uma casa isolada, cercada de jardins e canais. A velha bateu em uma portinha. Alguém abriu; ela levou Cândido por uma escada escondida a um gabinete dourado, deixou-o em um sofá de brocado, fechou a porta e se foi. Cândido acreditava estar sonhando, e olhava toda a sua vida como um sonho funesto, e o momento presente como um sonho agradável.

A velha logo reapareceu; sustentava com dificuldade uma mulher trêmula, de porte majestoso, brilhante de pedrarias e coberta com um véu. "Tire esse véu", disse a velha a Cândido. O rapaz aproximou-se e ergueu o véu com uma mão tímida. Que momento! Que surpresa! Acreditou ver a senhorita Cunegunda; ele a via de fato, era ela mesma. Faltaram-lhe as forças, não pôde proferir uma palavra, caiu aos seus pés. Cunegunda caiu no sofá. A velha os cumulou de aguardentes; eles retomaram os sentidos e falaram-se: são de início palavras entrecortadas, perguntas e respostas que se cruzam, suspiros, lágrimas, gritos. A velha recomendou-lhes que fizessem menos barulho e os deixou à vontade. "Quê?! Sois vós", disse-lhe Cândido, "estais viva! Eu vos reencontro em Portugal! Então não vos violaram? Não vos rasgaram o ventre, como o filósofo Pangloss me havia assegurado?" "Assim foi feito", disse a bela Cunegunda; "mas nem sempre se morre desses dois acidentes." "Mas vosso pai e vossa mãe foram mortos?" "É a pura verdade", disse Cunegunda chorando. "E vosso irmão?" "Meu irmão também foi morto." "E por que estais em Portugal? E como soubestes que eu estava aqui? E por que estranha aventura me fizestes conduzir a esta casa?" "Eu vos direi tudo isso", replicou a senhora; "mas é preciso antes que me conteis tudo o que vos aconteceu desde o beijo inocente que me destes e os pontapés que recebestes."

Cândido lhe obedeceu com um profundo respeito; e, embora estivesse estupefato, embora a sua voz estivesse fraca e trêmula, embora a espinha ainda lhe doesse um pouco, contou-lhe da maneira mais espontânea tudo o que havia experimentado desde o momento de sua separação. Cunegunda erguia os olhos para o céu; verteu lágrimas pela morte do bom anabatista e de Pangloss; após o que falou nestes termos a Cândido, que não perdia uma palavra, e que a devorava com os olhos.

8
História de Cunegunda

"Eu estava na cama e dormia profundamente, quando aprouve aos céus enviar búlgaros a nosso belo castelo de Thunder-ten-tronckh; eles degolaram o meu pai e o meu irmão e cortaram a minha mãe em pedaços. Um búlgaro grande, com seis pés de altura, vendo que diante desse espetáculo eu perdera os sentidos, pôs-se a violar-me; isso me fez voltar a mim, eu recobrei os sentidos, gritei, debati-me, mordi, arranhei, queria arrancar os olhos desse búlgaro grande, não sabendo que tudo o que acontecia no castelo de meu pai era uma coisa habitual: o bruto me deu uma facada no flanco esquerdo de que ainda carrego a marca." "Ah! Espero vê-la", disse o ingênuo Cândido. "Vós a vereis", disse Cunegunda, "mas continuemos." "Continuai", disse Cândido.

Ela retomou, assim, o fio de sua história: "Um capitão búlgaro entrou, me viu toda ensanguentada, e o soldado não se perturbava. O capitão se encolerizou pelo pouco respeito que lhe testemunhava esse bruto e o matou sobre o meu corpo.

Em seguida, ele mandou que me fizessem curativos e me levou como prisioneira de guerra para o seu quartel. Eu lavava as poucas camisas que ele tinha, cozinhava para ele; ele me achava muito bonita, devo admitir; e não vou negar que ele tinha um belo porte e a pele branca e suave; aliás, pouco espírito, pouca filosofia: bem se via que não havia sido educado pelo Dr. Pangloss. Ao cabo de três meses, tendo perdido todo o dinheiro e estando enjoado de mim, ele me vendeu a um judeu chamado Issacar, que traficava na Holanda e em Portugal, e que gostava apaixonadamente de mulheres. Esse judeu se apegou muito à minha pessoa, mas não podia triunfar sobre ela; resisti melhor a ele do que ao soldado búlgaro. Uma pessoa de honra pode ser violada uma vez, mas a sua virtude se fortalece com isso. O judeu, para me domar, me trouxe para esta casa de campo que estais vendo. Eu havia acreditado até então que não havia nada na terra de tão belo quanto o castelo de Thunder-ten-tronckh. Estava enganada.

O grande inquisidor viu-me um dia na missa, olhou-me demoradamente de soslaio e mandou dizer-me que precisava falar comigo sobre assuntos secretos. Fui conduzida ao seu palácio; eu o informei sobre o meu nascimento; ele evocou o quanto estava abaixo da minha posição pertencer a um israelita. Foi proposto de sua parte a dom Issacar me ceder a monsenhor. Dom Issacar, que é o banqueiro da corte e homem de crédito, não quis fazer nada a respeito. O inquisidor o ameaçou com um auto de fé. Finalmente o meu judeu, intimidado, concluiu um negócio pelo qual a casa e eu pertenceríamos a ambos em comum, que o judeu teria para ele as segundas-feiras, as quartas e o dia do sabá, e que o inquisidor teria os outros dias da semana. Há seis meses que essa convenção subsiste. Não foi sem querelas; pois muitas vezes ficou indeciso se a noite do sábado para o domingo pertencia à antiga lei ou à nova. Quanto a mim, resisti até agora a todos os dois, e creio que é por essa razão que sempre fui amada.

Enfim, para afastar o flagelo dos terremotos, e para intimidar dom Issacar, aprouve ao senhor inquisidor celebrar um auto de fé. Ele fez-me a honra de convidar-me. Fiquei muito bem colocada; foram servidos refrescos às senhoras entre a missa e a execução. Fui, na verdade, tomada de horror ao ver queimar aqueles dois judeus e aquele honesto biscainho que havia desposado a sua comadre; mas qual não foi a minha surpresa, o meu espanto, minha perturbação, quando vi, dentro de um sambenito e debaixo de uma mitra, uma figura que parecia ser a de Pangloss! Esfreguei os olhos, olhei atentamente, vi enforcarem-no; caí desfalecida; mal recuperei os sentidos, vos vi despojado, completamente nu: foi o cúmulo do horror, da consternação, da dor, do desespero. Eu vos direi, com verdade, que vossa pele é ainda mais branca, e de um encarnado mais perfeito do que aquela do meu capitão dos búlgaros. Essa visão redobrou todos os sentimentos que me acabrunhavam, que me devoravam. Clamei, quis dizer: 'Parem, bárbaros!', mas faltou-me a voz, e os meus clamores teriam sido inúteis. Quando o senhor foi bem surrado: 'Como pode acontecer', dizia eu, 'que o amável Cândido e o sábio Pangloss se encontrem em Lisboa, um para receber cem chibatadas e o outro para ser enforcado por ordem do monsenhor inquisidor de quem sou a bem-amada? Pangloss então me enganou muito cruelmente quando me dizia que tudo vai o melhor do mundo'.

P. Sevin f.

[Dellon], *Relatório da Inquisição de Goa.* Paris, Hortemels, 1688, in-12.

(cont.)

Agitada, desorientada, ora fora de mim, ora prestes a morrer de fraqueza, eu estava com a cabeça cheia do massacre de meu pai, de minha mãe, de meu irmão, da insolência do meu vil soldado búlgaro, da facada que ele me deu, da minha servidão, do meu serviço de cozinheira, do meu capitão búlgaro, do meu vil dom Issacar, do meu abominável inquisidor, do enforcamento do Dr. Pangloss, daquele grande *miserere* em falso bordão durante o qual vos espancavam, e, sobretudo, do beijo que eu vos dera atrás de um biombo, no dia em que vos vira pela última vez. Louvei a Deus, que vos trazia de volta para mim por tantas provações. Recomendei à minha velha que cuidasse de vós e que vos trouxesse aqui assim que pudesse. Ela executou muito bem o meu pedido; experimentei o prazer inexprimível de vos rever, de vos ouvir, de vos falar. Deveis estar com uma fome devoradora; eu estou com muito apetite; comecemos a cear."

Eis que se põem ambos à mesa, e depois da ceia, voltam para o belo sofá de que já se falou; estavam ali quando o senhor dom Issacar, um dos senhores da casa, chegou. Era dia de sábado. Ele vinha desfrutar de seus direitos e explicar o seu terno amor.

9
O que aconteceu com Cunegunda, com Cândido, com o grande inquisidor e com um judeu

Esse Issacar era o mais colérico hebreu que já se vira em Israel desde o cativeiro na Babilônia. "O quê", disse ele, "cadela galileia, não basta o senhor inquisidor!? É preciso que esse malandro partilhe também comigo?!" Dizendo isso, saca de um longo punhal que sempre trazia consigo e, não acreditando que seu adversário estivesse armado, lança-se sobre Cândido; mas o nosso bom vestefaliano recebera uma bela espada da velha, com o traje completo. Ele saca da sua espada, embora tivesse modos muito suaves, e estende o israelita rígido morto no chão aos pés da bela Cunegunda.

"Santíssima Virgem!", clamou ela. "O que será de nós? Um homem assassinado em minha casa! Se a justiça vier, estamos perdidos." "Se Pangloss não tivesse sido enforcado", disse Cândido, "ele nos daria um bom conselho nesta situação extrema, pois era um grande filósofo. Na falta dele, consultemos a velha." Ela era muito prudente e começava a dizer sua opinião quando uma outra portinha se abriu. Era uma hora depois da meia-noite, era o começo do domingo. Esse dia pertencia ao monsenhor inquisidor. Ele entra e vê o surrado Cândido de espada na mão, um morto estendido no chão, Cunegunda apavorada, e a velha dando conselhos.

Eis nesse momento o que se passou na alma de Cândido e como ele raciocinou: "Se esse santo homem pedir socorro, ele fará infalivelmente com que eu seja queimado; poderá fazer o mesmo com Cunegunda; ele mandou me açoitarem impiedosamente; é meu rival; estou matando; não há como titubear". Esse raciocínio foi claro e rápido; e sem dar tempo ao inquisidor de se recuperar da surpresa, ele o transpassa e o joga ao lado do judeu. "Só faltava isso", disse Cunegunda; "já não há remissão; estamos excomungados, a nossa última hora chegou. Como fizestes, vós que nascestes tão doce, para matar em dois minutos um judeu e um prelado?" "Minha bela dama", respondeu Cândido, "quando se está apaixonado, com ciúmes e fustigado pela Inquisição, a pessoa já não se conhece."

A velha tomou, então, a palavra e disse: "Há três cavalos andaluzes na cocheira, com suas selas e suas rédeas, que o bravo Cândido os prepare; a madame tem moydores e diamantes: montemos rápido a cavalo, embora eu só possa me apoiar numa das nádegas, e vamos para Cádiz; está o melhor tempo do mundo e é um prazer viajar com o frescor da noite".

Imediatamente, Cândido selou os três cavalos. Cunegunda, a velha e ele fizeram trinta milhas numa tirada. Enquanto se afastavam, a Santa Irmandade chegou à casa, enterrou monsenhor numa bela igreja e jogou Issacar na sarjeta.

Cândido, Cunegunda e a velha estavam já na cidadezinha de Aracena, no meio das montanhas da Serra Morena, e falavam assim numa taberna.

Xilogravura de Papillon.

Vista da cidade de Cadis do lado do porto.
Paris, chez Huquier fils graveur.

10
Em que aflição Cândido, Cunegunda e a velha chegam a Cádiz e de seu embarque

"Quem é que pôde ter roubado as minhas pistolas e os meus diamantes?", dizia chorando Cunegunda; "de que vamos viver?, como faremos?, onde encontrar inquisidores e judeus que me deem outras?" "Ai", disse a velha, "suspeito muito de um reverendo padre franciscano que dormiu ontem no mesmo albergue que nós em Badajoz; Deus me livre de fazer um juízo temerário, mas ele entrou duas vezes em nosso quarto e foi-se embora bem antes de nós." "Que pena", disse Cândido, "o bom Pangloss me havia muitas vezes provado que os bens da terra são comuns a todos os homens, que cada um tem sobre eles igual direito. Esse franciscano devia, segundo esses princípios, deixar-nos algo com que terminar a nossa viagem. Não vos resta então absolutamente nada, minha bela Cunegunda?" "Nem um maravedi", disse ela. "Que decisão tomar?", disse Cândido. "Vamos vender um dos cavalos", disse a velha, "eu montarei na garupa com a senhorita, embora só possa me manter sobre uma das nádegas, e chegaremos a Cádiz."

Havia na mesma hospedaria um prior beneditino; ele comprou barato o cavalo. Cândido, Cunegunda e a velha passaram por Lucena, por Chillas, por Lebrija e chegaram finalmente a Cádis. Aí estavam equipando uma frota e se recrutavam tropas para submeter à razão os reverendos padres jesuítas do Paraguai, que eram acusados de insuflar uma de suas hordas contra os reis de Espanha e de Portugal, perto da cidade do Santo Sacramento. Cândido, tendo servido sob os búlgaros, fez o exercício búlgaro diante do general do pequeno exército com tanta graça, celeridade, destreza, altivez, agilidade, que lhe deram uma companhia de infantaria para comandar. Ei-lo capitão; embarcou com a senhorita Cunegunda, a velha, dois valetes e dois cavalos andaluzes que haviam pertencido ao monsenhor grande inquisidor de Portugal.

Durante toda a travessia discutiam muito sobre a filosofia do pobre Pangloss. "Nós vamos para outro universo", dizia Cândido. "É nesse, sem dúvida, que tudo está bem. Pois é preciso confessar que se

Parte da gravura anterior.

poderia gemer um pouco pelo que se passa no nosso em física e em moral." "Eu vos amo de todo o coração", dizia Cunegunda, "mas ainda estou com a alma completamente apavorada com o que vi, com aquilo por que passei." "Tudo irá bem", replicava Cândido, "o mar desse novo mundo vale já mais do que os mares da nossa Europa; ele é mais calmo, os ventos mais constantes. É certamente o novo mundo que é o melhor dos universos possíveis." "Deus o queira", dizia Cunegunda; "mas fui tão horrivelmente infeliz no meu que o meu coração está quase fechado para a esperança." "Vós vos queixais", disse a velha, "ah, não provastes infortúnios tais como os meus." Cunegunda quase se pôs a rir, e achou essa boa senhora muito engraçada por pretender ser mais infeliz do que ela. "Ah", disse ela, "minha boa senhora, a menos que a senhora tenha sido violada por dois búlgaros, que tenha recebido duas facadas na barriga, que tenham demolido dois dos seus castelos, que tenham degolado diante dos seus olhos duas mães e dois pais, e que tenha visto dois de seus amados açoitados num auto de fé, não vejo como a senhora possa me superar; acrescente-se que nasci baronesa com setenta e dois quartos, e que fui cozinheira." "Senhorita", respondeu a velha, "não sabeis qual é o meu nascimento; e se eu vos mostrasse o meu traseiro, não falaríeis comigo como estais fazendo e suspenderíeis vosso julgamento." Esse discurso fez nascer uma extrema curiosidade no espírito de Cunegunda e de Cândido. A velha lhes falou nestes termos.

11
História da velha

“Nem sempre tive os olhos rajados e cercados de escarlate; o meu nariz nem sempre tocou o queixo, e nem sempre fui serva. Sou a filha do Papa Urbano X e da princesa de Palestrina. Educaram-me até os catorze anos num palácio no qual todos os castelos de vossos barões alemães não teriam servido de estábulo; e um dos meus vestidos valia mais do que todas as magnificências da Vestfália: eu crescia em beleza, em graças, em talentos, no meio dos prazeres, das deferências e das esperanças. Inspirava já o amor. Os meus seios se formavam; e que seios! Brancos, firmes, talhados como os da Vênus de Médici; e que olhos! Que pálpebras! Que sobrancelhas negras! Que chamas brilhavam nas minhas duas pupilas e apagavam a cintilação das estrelas, como me diziam os poetas do bairro. As mulheres que me vestiam e que me despiam caíam em êxtase ao me olhar de frente e de costas, e todos os homens gostariam de estar no lugar delas.

Fui noiva de um príncipe soberano de Massa--Carrara. Que príncipe! Tão belo quanto eu, feito de doçura e de dotes, brilhante de espírito e ardente de amor. Eu o amava como se ama pela primeira vez, com idolatria, com deslumbramento. As bodas foram preparadas. Era uma pompa, uma magnificência inaudita; eram festas, carrosséis, óperas-bufas contínuas, e toda a Itália fez para mim sonetos, dos quais nenhum era apenas passável. Eu tocava o momento da minha felicidade quando uma velha marquesa, que havia sido amante do meu príncipe, o convidou para tomar um chocolate em sua casa. Ele morreu em menos de duas horas, com convulsões apavorantes. Mas isso é apenas uma bagatela. Minha mãe, em desespero, e bem menos aflita do que eu, quis se retirar por algum tempo de uma estada tão funesta. Ela possuía uma belíssima terra perto de Gaeta. Embarcamos numa galera do país, dourada como o altar de São Pedro de Roma. Eis que um corsário de Salé precipita-se sobre nós e nos aborda. Nossos soldados se defenderam como soldados do papa: puseram-se todos de joelhos depondo suas armas e pedindo ao corsário uma absolvição *in articulo mortis*.

Logo os despojaram nus como macacos, e à minha mãe, às nossas damas de honra e a mim também. É uma coisa admirável a diligência com a qual esses senhores despem o mundo. Mas o que mais me surpreendeu foi que eles nos colocaram em todas o dedo num lugar onde nós, as mulheres, geralmente só deixamos colocar cânulas. Essa cerimônia me parecia bem estranha: eis como se julga tudo quando nunca se saiu de seu país. Fiquei logo sabendo que era para verificar se não tínhamos escondido ali alguns diamantes. É uma prática usual desde tempos imemoriais entre as nações civilizadas que correm pelos mares. Soube que os senhores religiosos Cavaleiros de Malta nunca deixam de fazê-lo quando prendem turcos e turcas. É uma lei do direito das gentes que nunca se derrogou.

Não vos direi como é duro para uma jovem princesa ser levada escrava para o Marrocos com a sua mãe. Concebereis suficientemente tudo o que tivemos de sofrer no barco corsário. A minha mãe ainda era muito bela; as nossas damas de honra, as nossas simples camareiras, tinham mais encantos do que se pode encontrar em toda a África. Quanto a mim, eu estava deslumbrante, eu era a beleza, a própria graça, e era donzela. Não o fui por muito tempo: essa flor que havia sido reservada para o belo príncipe de Massa-Carrara me foi arrebatada pelo capitão corsário. Era um negro abominável, que acreditava ainda estar me fazendo uma grande honra. Por certo, era preciso que a senhorita princesa de Palestrina e eu fôssemos bem fortes para resistir a tudo que experimentamos até a nossa chegada ao Marrocos. Mas passemos adiante: são coisas tão comuns que não vale a pena falar delas.

O Marrocos nadava em sangue quando chegamos. Cinquenta filhos do imperador Muley-Ismael tinham cada um o seu partido, o que produzia de fato cinquenta guerras civis, de negros contra negros, de negros contra morenos, de morenos contra morenos, de mulatos contra mulatos. Era uma carnificina contínua em toda a extensão do império.

Mal desembarcamos, alguns negros da facção inimiga da do meu corsário apresentaram-se para apossar-se de seu butim. Éramos, depois dos diamantes e do ouro, o que havia de mais precioso. Fui testemunha de um combate tal que nunca vedes em vossos climas da Europa. Os povos setentrionais não têm o sangue bastante ardente. Eles não têm raiva das mulheres ao ponto em que ela é comum na África. Parece que os vossos europeus têm leite nas veias; é vitríolo, é fogo que corre nas dos habitantes do monte Atlas e dos países vizinhos. Combateu-se com o furor dos leões, dos tigres e das serpentes da região para saber quem nos teria. Um mouro agarrou a minha mãe pelo braço direito, o tenente do meu capitão a reteve pelo braço esquerdo; um soldado mouro a pegou por uma perna, um de nossos piratas a segurava pela outra. As nossas jovens se encontraram quase todas em algum momento puxadas assim por quatro soldados. O meu capitão me mantinha escondida atrás de si. Ele tinha uma cimitarra em punho, e matava tudo o que se opunha à sua fúria. Finalmente, vi todas as nossas italianas, e a minha mãe, rasgadas, cortadas, massacradas pelos monstros que as disputavam entre si. Os cativos, meus companheiros, aqueles que os haviam pegado, soldados, marinheiros, negros, brancos, mulatos, e enfim o meu capitão, todos foram mortos; e eu fiquei moribunda sobre um monte de cadáveres. Cenas semelhantes passavam-se, como se sabe, na extensão de mais de trezentas léguas, sem que se faltasse às cinco orações por dia ordenadas por Maomé.

Desvencilhei-me com muita dificuldade da multidão de tantos cadáveres sangrentos amontoados e arrastei-me para debaixo de uma grande laranjeira à beira de um riacho vizinho; caí ali de pavor, de cansaço, de horror, de desespero e de fome. Logo depois, os meus sentidos oprimidos entregaram-se a um sono que tinha mais de desmaio do que de repouso. Estava nesse estado de fraqueza e insensibilidade, entre a morte e a vida, quando me senti pressionada por algo que se agitava sobre o meu corpo. Abri os olhos, vi um homem branco e de bom aspecto que suspirava, e que dizia entre os dentes: *"O che sciagura d'essere senza coglioni...!"*.

Guer. *Modos e costumes dos turcos.* Paris, 1746, in-4°.

12
Continuação dos infortúnios da velha

"Admirada e enlevada por ouvir a língua da minha pátria, e não menos surpresa com as palavras que aquele homem proferia, respondi-lhe que havia maiores desgraças do que aquela de que ele se queixava. Instruí-o, em poucas palavras, sobre os horrores que eu havia suportado e recaí em fraqueza. Ele carregou-me para uma casa vizinha, mandou colocar-me na cama, dar-me de comer, serviu-me, consolou-me, elogiou-me, disse-me que nunca tinha visto nada de tão belo quanto eu, e que nunca tinha lamentado tanto a perda daquilo que ninguém podia devolver-lhe. 'Eu nasci em Nápoles', disse-me ele, 'lá se castram dois ou três mil meninos todos os anos; alguns morrem por causa disso, outros adquirem uma voz mais bela que a das mulheres, e outros vão governar os Estados. Fizeram-me essa operação com enorme sucesso e tornei-me cantor da capela da senhora princesa

Vista de Argel. Gr. inglesa, orig. desconhecida.

de Palestrina.' 'De minha mãe!', exclamei. 'De vossa mãe?!', exclamou ele a chorar. 'O quê?! Seríeis aquela jovem princesa que eduquei até a idade de seis anos, e que prometia já ser tão bela quanto sois?!' 'Sou eu mesma; minha mãe está a quatrocentos passos daqui, cortada em quartos sob uma pilha de cadáveres...'

Contei-lhe tudo o que me havia acontecido; ele também me contou as suas aventuras e me informou como tinha sido enviado ao rei do Marrocos, por uma potência cristã, para concluir com esse monarca um tratado pelo qual lhe seriam fornecidos pólvora, canhões e navios para ajudá-lo a exterminar o comércio dos outros cristãos. 'A minha missão está cumprida', disse-me aquele honesto eunuco; 'vou embarcar em Ceuta e vos levarei de volta para a Itália. *Ma che sciagura d'essere senza coglioni!*'

(cont.)

Agradeci-lhe com lágrimas de enternecimento; e, em vez de levar-me para a Itália, conduziu-me para a Argélia e vendeu-me ao dey daquela província. Mal tinha eu sido vendida, aquela peste que deu a volta na África, na Ásia e na Europa declarou-se na Argélia com furor. Vistes terremotos, mas, senhorita, nunca tivestes a peste?" "Nunca", respondeu a baronesa.

"Se a tivésseis tido", retomou a velha, "confessaríeis que ela está bem acima de um terremoto. Ela é muito comum na África; eu fui atacada por ela. Imaginai que situação para a filha de um papa, com quinze anos de idade, que no espaço de três meses havia experimentado a pobreza, a escravidão, havia sido violada quase todos os dias, havia visto cortar a mãe em quatro, havia sofrido a fome e a guerra, e morria empestada na Argélia. Não morri disso, entretanto. Mas o meu eunuco e o dey, e quase todo o serralho da Argélia, pereceram.

Quando os primeiros estragos dessa espantosa peste passaram, venderam os escravos do dey. Um mercador me comprou e me levou para Túnis; vendeu-me a um grande mercador, que me revendeu em Trípoli; de Trípoli fui revendida em Alexandria, de Alexandria revendida em Esmirna, de Esmirna em Constantinopla. Pertenci enfim a um agá dos janízaros, que foi logo mandado para ir defender Azov contra os russos que a sitiavam.

Vista de Trípoli. Gr. de Peeters.

O agá, que era um homem muito galante, levou consigo todo o seu serralho, e alojou-nos num pequeno forte nos Paúis Meótidos, guardado por dois eunucos negros e vinte soldados. Mataram-se russos prodigiosamente, mas eles responderam à altura. Azov foi posta a fogo e a sangue, e não se perdoou nem sexo nem idade; só restou o nosso fortim; os inimigos quiseram tomar-nos pela fome. Os vinte janízaros haviam jurado nunca se render. Os extremos de fome a que foram reduzidos os constrangeram a comer os nossos dois eunucos, com medo de violar seu juramento. Ao cabo de alguns dias, resolveram comer as mulheres.

Tínhamos um imã muito piedoso e muito compassivo que lhes fez um belo sermão pelo qual os persuadiu a não nos matar totalmente. 'Cortai', disse ele, 'somente uma nádega de cada uma dessas senhoras, fareis muito boa refeição; se for preciso voltar a isso, tereis ainda outro tanto dentro de alguns dias; o céu vos ficará grato por uma ação tão caridosa e sereis socorridos.'

Ele tinha muita eloquência e os persuadiu. Fizeram-nos essa horrível operação. O imã aplicou-nos o mesmo bálsamo que se coloca nas crianças que acabam de ser circuncidadas. Estávamos todas à beira da morte.

Mal os janízaros haviam feito a refeição que lhes havíamos fornecido, os russos chegaram em barcos de fundo chato; não escapou nenhum janízaro. Os russos não deram nenhuma atenção ao estado em que estávamos. Existem por toda parte cirurgiões franceses; um deles, que era muito habilidoso, tratou de nós e nos curou; e lembrarei por toda a vida que, quando as feridas já estavam bem fechadas, ele me fez propostas. De resto, ele nos disse a todas que nos consolássemos; assegurou-nos que, em vários cercos, semelhante coisa havia acontecido e que era a lei da guerra.

Logo que as minhas companheiras puderam caminhar, fizeram-nas ir a Moscou. Coube-me na partilha ser entregue a um boiardo, que me fez sua jardineira e que me dava vinte chicotadas por dia. Mas tendo esse senhor sido supliciado na roda ao cabo de dois anos, juntamente com uma trintena de boiardos, por alguma perseguição da corte, aproveitei-me dessa aventura e fugi; atravessei toda a Rússia; fui durante um bom tempo servente de uma taberna em Riga, depois em Rostock, em Wismar, em Leipzig, em Kassel, em Utrecht, em Leiden, em Haia, em Roterdã; envelheci na miséria e no opróbrio, tendo apenas a metade do traseiro, lembrando-me sempre de que era filha de um papa; quis cem vezes me matar, mas ainda amava a vida. Essa fraqueza ridícula é talvez uma de nossas inclinações mais funestas. Pois será que existe alguma coisa mais tola do que querer carregar continuamente um fardo que se quer sempre jogar no chão? Ter o seu ser em horror, e ater-se ao seu ser? Enfim, acariciar a serpente que nos devora, até que ela nos tenha comido o coração?

Eu vi nos países que a sorte me fez percorrer, e nas tabernas onde servi, um número prodigioso de pessoas que execravam a própria existência; mas vi apenas doze que tinham posto voluntariamente fim à própria miséria: três negros, quatro ingleses, quatro genebreses e um professor alemão chamado Robeck. Acabei por ser serva na casa do judeu dom Issacar; ele colocou-me perto de vós, minha bela senhorita; apeguei-me ao vosso destino e ocupei-me mais das vossas aventuras do que das minhas. Eu nem mesmo vos teria jamais falado dos meus infortúnios se não me tivésseis provocado; e se não fosse de uso, num navio, contar histórias para não se entediar. Enfim, senhorita, eu tenho experiência, conheço o mundo; dai-vos um prazer, levai cada passageiro a contar-vos a sua história; e se encontrar-se um só que não tenha amiúde amaldiçoado a vida, que não tenha amiúde dito a si mesmo que era o mais infeliz dos homens, atirai-me ao mar de cabeça."

13
Como Cândido foi obrigado a separar-se da bela Cunegunda e da velha

A bela Cunegunda, tendo ouvido a história da velha, fez-lhe todas as polidezes que se devia a uma pessoa de sua posição e de seu mérito. Aceitou a proposta; persuadiu todos os passageiros, um após o outro, a contar-lhe as suas aventuras; Cândido e ela admitiram que a velha tinha razão. “É mesmo uma pena”, dizia Cândido, “que o sábio Pangloss tenha sido enforcado contra o costume em um auto de fé; ele nos diria coisas admiráveis sobre o mal físico e sobre o mal moral que cobrem a terra e o mar, e eu me sentiria com força suficiente para ousar lhe fazer respeitosamente algumas objeções.”

À medida que cada um contava a sua história, o navio avançava. Aportaram em Buenos Aires. Cunegunda, o capitão Cândido e a velha

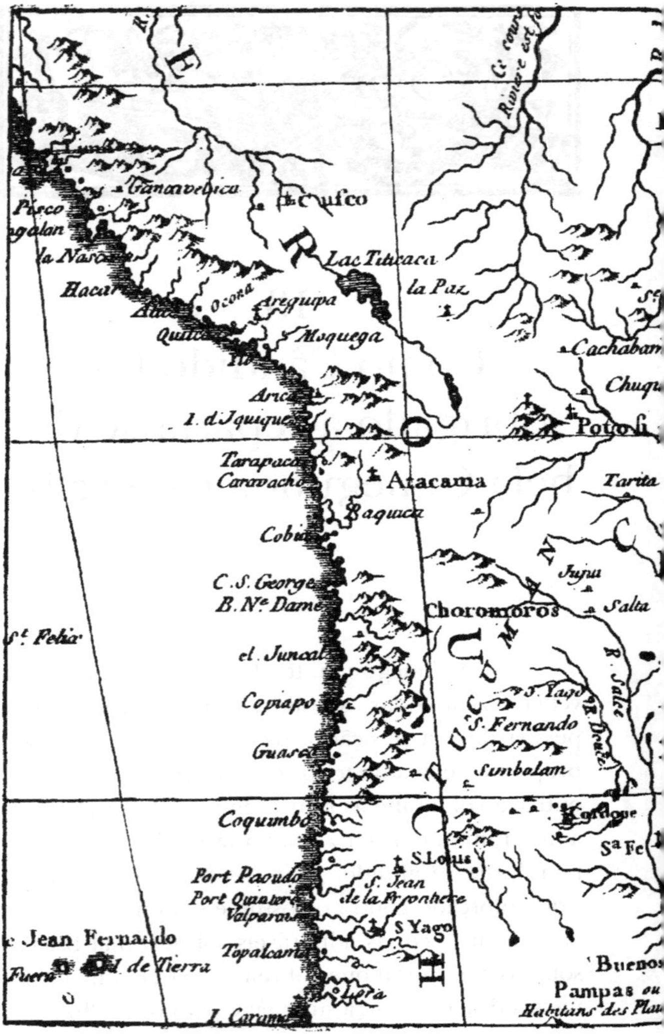

Mapa do Paraguai. Charlevoix, *História do paraguai.*
Paris, Didot, 1757, in-12, t.Ier.

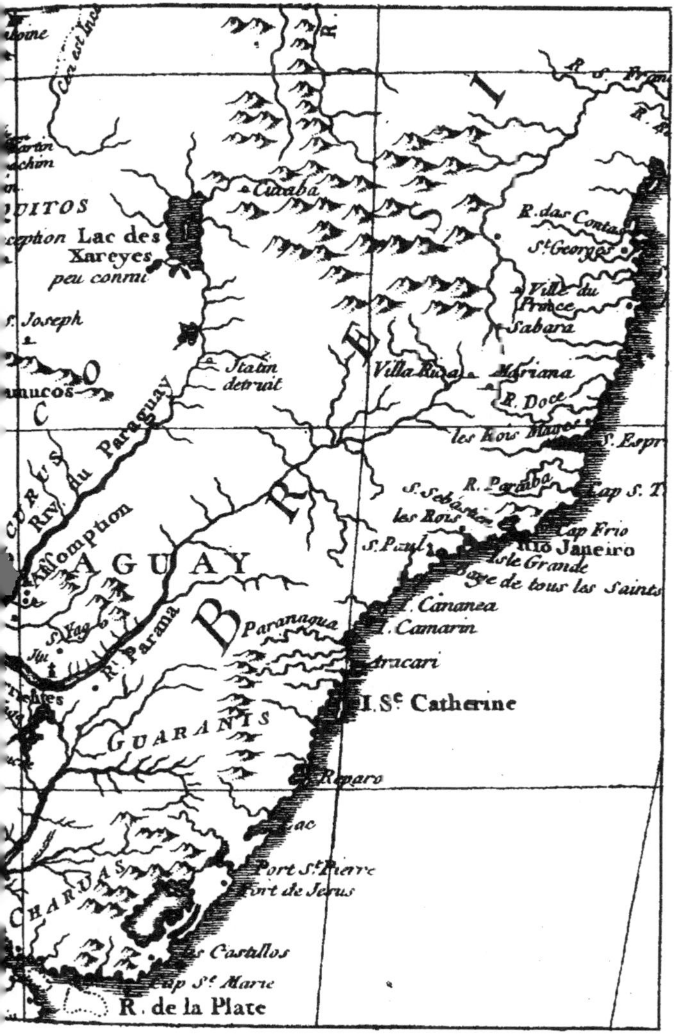
Lac des
Xareyes
peu connu
Cuiaba
R. das Contas
S.t Georges
Ville du
Prince
Sabara
Villa Rica
Mariana
R. Doce
les Rois Mages
Jtatin
detruit
S. Joseph
Riv. du Paraguay
Assomption
AGUAY
R. Paraiba
S. Sebastien
les Rois
Cap Frio
Rio Janeiro
Isle Grande
S. Paul
Baye de tous les Saints
I. Cananea
I. Camarin
Paranagua
R. Parana
I. S.te Catherine
GUARANIS
Reparo
Port S.t Pierre
Fort de Jesus
CHARUAS
les Castillos
Cap S.te Marie
R. de la Plate

(cont.)

foram à casa do governador, D. Fernando de Ibaraa y Figueora y Mascarenes y Lampourdos y Souza. Esse senhor tinha uma altivez adequada a um homem que trazia tantos nomes. Falava aos homens com o desdém mais nobre, de nariz levantado, erguendo tão impiedosamente a voz, assumindo um tom tão imponente, afetando um andar tão altivo, que todos aqueles que o saudavam eram tentados a bater nele. Gostava com furor de mulheres. Cunegunda pareceu-lhe o que tinha visto de mais belo. A primeira coisa que fez foi perguntar se ela era a mulher do capitão. O ar com que ele fez essa pergunta deixou Cândido alarmado: não ousou dizer que ela era a sua mulher, porque de fato ela não era; não ousava dizer que era sua irmã, porque tampouco o era; e embora essa mentira oficiosa tivesse estado outrora muito na moda entre os antigos e pudesse ser útil aos modernos, a sua alma era pura demais para trair a verdade. "A senhorita Cunegunda", disse ele, "deve dar-me a honra de me desposar, e suplicamos a Vossa Excelência que se digne a realizar o nosso casamento."

D. Fernando de Ibaraa y Figueora y Mascarenes y Lampourdos y Souza, levantando os bigodes, sorriu amargamente e ordenou ao capitão Cândido que fosse passar em revista a sua companhia. Cândido obedeceu; o governador ficou com a senhorita Cunegunda. Ele declarou-lhe a sua paixão, protestou-lhe que no dia seguinte a desposaria diante da Igreja, ou de outro modo, como aprouvesse aos seus encantos. Cunegunda pediu-lhe um quarto de hora para recolher-se, para consultar a velha e para decidir-se.

A velha disse a Cunegunda: "Senhorita, tendes setenta e dois quartos, e nenhum óbolo; só depende de vós serdes a mulher do maior senhor da América Meridional, que tem um belíssimo bigode; seria o caso de vos apegardes a uma fidelidade a qualquer prova? Fostes violada pelos búlgaros; um judeu e um inquisidor tiveram as vossas boas graças. As infelicidades dão direitos. Confesso que, se eu estivesse em vosso lugar, não teria nenhum escrúpulo em desposar o senhor governador e fazer a fortuna do senhor capitão Cândido". Enquanto a velha falava com toda a prudência que a idade e a experiência proporcionam, viu-se entrar no porto um pequeno navio; ele trazia um alcaide e alguns aguazis, e eis o que aconteceu.

A velha tinha adivinhado muito bem que foi um franciscano com grandes mangas que roubou o dinheiro e as joias de Cunegunda na cidade de Badajoz, quando ela fugia às pressas com Cândido. Esse monge quis vender algumas das pedras preciosas a um joalheiro. O comerciante as reconheceu como sendo as do grande inquisidor. O franciscano, antes de ser enforcado, confessou que as tinha roubado. Indicou as pessoas e a rota que tomavam. A fuga de Cunegunda e Cândido já era conhecida. Foram seguidos até Cádiz. Foi enviado, sem perda de tempo, um navio em sua perseguição. O navio já estava no porto de Buenos Aires. Espalhou-se a notícia de que um alcaide ia desembarcar e que se perseguiam os assassinos do senhor grande inquisidor. A prudente velha viu no mesmo instante tudo o que era preciso fazer. "Não podeis fugir", disse ela a Cunegunda, "e nada tendes a temer; não fostes vós que matastes monsenhor; e, aliás, o governador, que vos ama, não permitirá que vos maltratem; ficai." Ela corre imediatamente para junto de Cândido: "Fugi", diz ela, "ou em uma hora sereis queimado". Não havia mais nenhum momento a perder; mas como se separar de Cunegunda e onde se refugiar?

14
Como Cândido e Cacambo foram recebidos pelos jesuítas do Paraguai

Cândido trouxera de Cádiz um valete tal como se encontram muitos na costa da Espanha e nas colônias. Era um quarto espanhol, nascido de um mestiço em Tucumã; ele fora coroinha, sacristão, marinheiro, monge, carteiro, soldado, lacaio. Chamava-se Cacambo e gostava muito de seu patrão porque este era um homem muito bom. Selou o mais rápido que pôde os dois cavalos andaluzes. "Vamos, patrão, sigamos o conselho da velha; partamos e corramos sem olhar para trás." Cândido derramou lágrimas. "Ó minha querida Cunegunda! Será preciso abandoná-la no tempo em que o senhor governador vai celebrar as nossas núpcias! Cunegunda trazida de tão longe, o que será de vós?" "Ela será o que puder", disse Cacambo; "as mulheres nunca ficam embaraçadas consigo mesmas; Deus provê a isso; corramos." "Aonde estás me levando? Aonde vamos? O que faremos sem Cunegunda?", dizia Cândido. "Por são Tiago de Compostela", disse Cacambo, "íeis guerrear contra os jesuítas; vamos guerrear a favor deles; sei bastante bem os caminhos, eu vos levarei ao seu reino, ficarão encantados de ter um capitão que faça o exercício à moda búlgara; fareis uma fortuna prodigiosa; quando não se tem o que lhe compete em um mundo, pode-se encontrá-lo em outro. É um grande prazer ver e fazer coisas novas."

"Então já estiveste no Paraguai?", disse Cândido.

"Eh, na verdade, sim", disse Cacambo, "fui cozinheiro no colégio de Assunção, e conheço o governo de Los Padres como conheço as ruas de Cádiz. É uma coisa admirável esse governo. O reino já tem mais de trezentas léguas de diâmetro; é dividido em trinta províncias; Los Padres aí têm tudo, e os povos nada; é a obra-prima da razão e da justiça. Para mim, não vejo nada de tão divino quanto Los Padres, que aqui fazem guerra contra o rei da Espanha e contra o rei de Portugal, e que na Europa confessam esses reis; que aqui matam espanhóis e que em Madri os enviam ao céu: isso me encanta; avancemos, ides ser o mais feliz de todos os homens. Que prazer terão Los Padres quando souberem que vem a eles um capitão que conhece o exercício búlgaro!"

Assim que chegaram à primeira barreira, Cacambo disse à guarda avançada que um capitão pedia para falar com o senhor comandante. Foram avisar à guarda-mor. Um oficial paraguaio correu aos pés do comandante para dar-lhe a notícia. Cândido e Cacambo foram primeiro desarmados;

tomaram-lhes seus dois cavalos andaluzes. Os dois estrangeiros foram introduzidos no meio de duas fileiras de soldados: o comandante estava na ponta, com o chapéu de três pontas na cabeça, a roupa arregaçada, a espada ao lado e o espontão na mão. Fez um sinal; logo vinte e quatro soldados cercaram os dois recém-chegados. Um sargento lhes disse que é preciso esperar, que o comandante não pode falar com eles, que o reverendo padre provincial não permite que nenhum espanhol abra a boca, a não ser em sua presença, e permaneça mais de três horas no país. "E onde está o reverendo padre provincial?", perguntou Cacambo. "Ele está na parada, depois de ter rezado a missa", respondeu o sargento, "e só podereis beijar as suas esporas dentro de três horas." "Mas", disse Cacambo, "o senhor capitão, que está morrendo de fome como eu, não é espanhol, é alemão; não poderíamos almoçar enquanto esperamos Sua Reverendíssima?"

O sargento foi de imediato relatar esse discurso ao comandante. "Deus seja louvado!", disse esse senhor, "uma vez que ele é alemão, posso falar com ele; que o tragam ao meu caramanchão." Logo conduziram Cândido a um gabinete de verdura ornado com uma colunata de mármore verde e ouro, e de treliças que encerravam papagaios, colibris, beija-flores, galinhas-d'angola e todos os pássaros mais raros. Um excelente desjejum estava preparado em vasos de ouro; e enquanto os paraguaios comeram milho em cuias de madeira, em pleno campo, ao ardor do sol, o reverendo padre comandante entrou no caramanchão.

Era um belíssimo rapaz, de rosto pleno, bastante branco, corado, sobrancelha levantada, olhar vivo, orelha vermelha, lábios vermelhos, ar altivo, mas de uma altivez que não era nem a de um espanhol, nem a de um jesuíta. Devolveram a Cândido e a Cacambo as suas armas, que lhes haviam sido tomadas, assim como os dois cavalos andaluzes; Cacambo deu-lhes de comer aveia perto do caramanchão, mantendo sempre o olhar neles, por receio de surpresa.

Cândido beijou primeiro a fímbria da roupa do comandante, depois puseram-se à mesa. "Vós sois, portanto, alemães?", disse-lhes o jesuíta nessa língua. "Sim, meu reverendo padre", disse Cândido. Um e outro, ao pronunciar essas palavras, olhavam-se com extrema surpresa e com uma emoção que não conseguiam dominar. "E de que país da Alemanha sois?", disse o jesuíta. "Da suja província da Vestfália", disse Cândido: "nasci no castelo de Thunder-ten-tronckh." "Ó céus! Seria possível?", exclamou o comandante. "Que milagre!", exclamou Cândido. "Seria o senhor?", disse o comandante. "Isso não é possível", disse Cândido. Ambos deixam-se cair para trás, abraçam-se, derramam rios de lágrimas. "Quê! Seríeis vós, meu reverendo padre? Vós, o irmão da bela Cunegunda, que fostes morto pelos búlgaros! Vós, o filho do senhor barão! Vós, jesuíta no Paraguai! É preciso reconhecer que este mundo é uma coisa estranha. Ó Pangloss! Pangloss! Como estaríeis contente se não tivésseis sido enforcado!"

O comandante mandou que fossem retirados os escravos negros e os paraguaios que serviam de beber em copos de cristal de rocha. Agradeceu a Deus e a santo Inácio mil vezes; apertava Cândido entre os braços; o rosto deles estava banhado de lágrimas. "Ficaríeis bem mais admirado, mais enternecido, mais fora de vós mesmo", disse Cândido, "se eu vos dissesse que a senhorita Cunegunda, vossa irmã, que acreditastes ter sido estripada, está cheia de saúde." "Onde?" "Em vossa vizinhança, com o senhor governador de Buenos Aires; e eu vinha para fazer guerra contra vós." Cada palavra que pronunciaram nessa longa conversa acumulava prodígio sobre prodígio. Sua alma toda voava sobre sua língua, estava atenta em seus ouvidos e faiscante em seus olhos. Como eles eram alemães, ficaram à mesa por longo tempo, esperando o reverendo padre provincial; e o comandante falou assim ao seu caro Cândido.

15
Como Cândido matou o irmão de sua querida Cunegunda

"Terei por toda a minha vida presente na memória o dia horrível em que vi matarem o meu pai e a minha mãe e violarem a minha irmã. Quando os búlgaros se retiraram, não se encontrou essa irmã adorável, e puseram numa carroça minha mãe, meu pai e eu, duas criadas e três menininhos degolados, para nos irem enterrar numa capela de jesuítas, a duas léguas do castelo de meus pais. Um jesuíta lançou água benta sobre nós, ela estava horrivelmente salgada; entraram algumas gotas nos meus olhos; o padre percebeu que a minha pálpebra fazia um pequeno movimento: colocou a mão sobre o meu coração e o sentiu palpitar; fui socorrido e, ao cabo de três semanas, estava recuperado. Sabeis, meu caro Cândido, que eu era muito bonito, tornei-me ainda mais; assim, o reverendo padre Croust, superior da casa, tomou por mim a mais terna amizade; deu-me o hábito de noviço; algum tempo depois, fui enviado a Roma. O padre superior geral precisava de um reforço de jovens jesuítas alemães. Os soberanos do Paraguai recebem o menor número que podem de jesuítas espanhóis; preferem os estrangeiros, sobre os quais julgam ter maior domínio. Fui julgado apropriado pelo reverendo padre geral para ir trabalhar nessa vinha. Partimos, um polonês, um tirolês e eu. Fui honrado, ao chegar, com o subdiaconato e um posto de lugar-tenente. Sou hoje coronel e padre. Receberemos vigorosamente as tropas do rei da Espanha, respondo-vos que elas serão excomungadas e espancadas. A Providência vos envia aqui para nos secundar. Mas é mesmo verdade que a minha querida irmã Cunegunda esteja nas redondezas, na casa do governador de Buenos Aires?" Cândido assegurou-lhe por juramento que nada era tão verdade. Suas lágrimas recomeçaram a correr.

O barão não se cansava de abraçar Cândido; chamava-o de seu irmão, de seu salvador. "Ah! Talvez", disse-lhe ele, "possamos juntos, meu caro Cândido, entrar como vencedores na cidade e reaver a minha irmã Cunegunda." "É tudo o que desejo", disse Cândido, "pois eu pretendia desposá-la, e ainda espero que isso aconteça." "Vós, insolente", respondeu o barão, "vós teríeis a impudência de desposar a minha irmã que tem setenta e dois quartos de nobreza! Acho-vos bem atrevido por ousar falar-me de um desígnio tão temerário!" Cândido, petrificado por tal discurso, respondeu-lhe: "Meu reverendo padre, todos os quartos do mundo não estão aí para nada; tirei vossa irmã dos braços de um judeu e de um inquisidor;

ela tem bastantes obrigações para comigo, ela quer me desposar; mestre Pangloss sempre me disse que os homens são iguais, e, seguramente, eu a desposarei." "É o que veremos, malandro!", disse o jesuíta barão de Thunder-ten-tronckh, e ao mesmo tempo dando-lhe um grande golpe no rosto com a parte chata da sua espada. Cândido, no mesmo instante, tira a sua e a enfia até a guarda na barriga do barão jesuíta; mas, ao retirá-la toda fumegante, ele pôs-se a chorar: "Que tristeza! Meu Deus", disse ele, "matei o meu antigo mestre, o meu amigo, o meu cunhado; sou o melhor homem do mundo, e eis aí já três homens que eu mato; e, entre esses três, há dois padres".

Cacambo, que estava de sentinela na porta do caramanchão, veio correndo. "Só nos resta vender caro a nossa vida", disse-lhe o mestre; "vamos sem dúvida entrar no caramanchão, é preciso morrer de armas na mão." Cacambo, que tinha visto muitas outras situações parecidas, não perdeu a cabeça: pegou a batina de jesuíta que o barão estava usando, vestiu-a no corpo de Cândido, deu-lhe o barrete do morto e o fez montar a cavalo. Tudo isso se fez num piscar de olhos. "Galopemos, meu senhor; todo o mundo o tomará por um jesuíta que vai dar ordens; e teremos passado a fronteira antes que se possa correr atrás de nós." Ele já voava pronunciando essas palavras e gritando em espanhol: "Abram espaço, espaço para o reverendo padre coronel".

16
O que acontece com os dois viajantes, com duas moças, dois macacos e os selvagens chamados Oreillons

Cândido e seu valete foram além das barreiras, e ninguém ainda sabia no acampamento da morte do jesuíta alemão. O vigilante Cacambo tivera o cuidado de encher a sua mala de pão, chocolate, presunto, frutas e algumas medidas de vinho. Afundaram-se, com seus cavalos andaluzes, num lugar desconhecido, onde não descobriram nenhuma estrada. Finalmente um belo prado entrecortado de riachos apresentou-se diante deles. Nossos dois viajantes dão de comer às montarias. Cacambo propõe ao patrão que comam e lhe dá exemplo disso. "Como queres", dizia Cândido, "que eu coma presunto, quando matei o filho do senhor barão, e me vejo condenado a não voltar a ver a bela Cunegunda da minha vida? De que me servirá prolongar meus miseráveis dias, uma vez que devo arrastá-los longe dela nos remorsos e no desespero? E o que dirá o jornal de Trévoux?"

Falando assim ele não deixava de comer. O sol se punha. Os dois extraviados ouviram alguns gritinhos que pareciam emitidos por mulheres. Eles não sabiam se esses gritos eram de dor ou de alegria; mas levantaram-se precipitadamente com aquela inquietação e aquele susto que tudo inspira num país desconhecido. Esses clamores partiam de duas moças totalmente nuas que corriam ligeiramente pela borda do prado, enquanto dois macacos as seguiam lhes mordendo as nádegas. Cândido apiedou-se delas: havia aprendido a atirar com os búlgaros, e teria abatido uma avelã numa moita sem tocar nas folhas. Ele pega a sua espingarda espanhola de dois tiros, atira e mata os dois macacos. "Deus seja louvado, meu caro Cacambo! Livrei de um grande perigo aquelas duas pobres criaturas; se cometi um pecado ao matar um inquisidor e um jesuíta, reparei-o agora salvando a vida de duas moças de boa condição social, e essa aventura nos pode trazer enormes vantagens no país."

Ele ia continuar, mas sua língua ficou aleijada quando viu aquelas duas meninas abraçar ternamente os dois macacos, debulharem-se em lágrimas sobre seus corpos e encherem o ar com os mais dolorosos gritos. "Eu não esperava tanta bondade de alma", disse ele, finalmente, a Cacambo, o qual lhe replicou: "O senhor fez aí uma bela obra-prima, meu patrão; matou os dois amantes dessas mocinhas". "Seus amantes? Seria possível? Estais zombando de mim, Cacambo; como posso acreditar no que dizeis?" "Meu caro patrão", retomou Cacambo, "estais sempre espantado com tudo; por que achais tão estranho que, em alguns países, existam macacos que obtêm as boas graças das damas? Eles são um quarto humanos, como eu sou um quarto espanhol." "Lamentável!", replica Cândido, "lembro-me de ter ouvido de mestre Pangloss que outrora semelhantes acidentes tinham acontecido, e que tais misturas haviam produzido egipãs, faunos, sátiros; que vários grandes personagens da Antiguidade os tinham visto; mas eu tomava isso como fábulas." "O senhor deve estar convencido agora", disse Cacambo, "que é uma verdade, e está vendo como se servem deles as pessoas que não receberam certa educação; tudo o que eu temo é que essas damas nos preguem alguma peça."

Essas reflexões sólidas levaram Cândido a deixar o prado e meter-se num bosque. Ali ele jantou com Cacambo; e ambos, após terem amaldiçoado o inquisidor de Portugal, o governador de Buenos Aires e o barão, adormeceram sobre o musgo. Ao despertarem, sentiram que não podiam se mexer; a razão era que, durante a noite, os *Oreillons*, habitantes do país, a quem as duas damas os haviam denunciado, os tinham amarrado com cordas de cascas de árvore. Eles estavam cercados por uns cinquenta *Oreillons* completamente nus, armados de flechas, tacapes e machados de pedra; alguns faziam ferver um grande caldeirão; outros preparavam espetos, e todos gritavam: "É um jesuíta, é um jesuíta! Nós seremos vingados, e faremos um banquete! Vamos comer jesuíta, vamos comer jesuíta!".

"Eu bem que vos disse, meu caro patrão", exclamou tristemente Cacambo, "que essas duas moças nos pregariam uma peça." Cândido, vendo os caldeirões e os espetos, exclamou: "Nós vamos, certamente, ser assados ou cozidos. Ah, que diria o mestre Pangloss se visse como a pura natureza é feita? Tudo está bem; seja, mas confesso que é bem cruel ter perdido a senhorita Cunegunda e ser posto no espeto por Oreillons". Cacambo nunca perdia a cabeça: "Não desespere de nada", disse ele ao desolado Cândido: "entendo um pouco o jargão desses povos; vou falar com eles." "Não deixe de lhes representar que desumanidade horrorosa é cozinhar homens, e o quanto isso é pouco cristão", disse Cândido.

"Senhores", disse Cacambo, "vós contais, portanto, comer hoje um jesuíta; é muito bem-feito; nada mais justo do que tratar assim seus inimigos. Com efeito, o direito natural nos ensina a matar o nosso próximo, e é assim que se age em toda a terra. Se não usamos o direito de comê-lo é porque temos, aliás, de quê fazer uma boa refeição; mas não tendes os mesmos recursos que nós; certamente é melhor comer os inimigos do que abandonar aos corvos e às gralhas o fruto da vitória. Mas, senhores, não querereis comer os vossos amigos. Acreditais estar colocando um jesuíta no espeto, e é o vosso defensor, é o inimigo de vossos inimigos que ides assar. Quanto a mim, nasci no vosso país; o senhor que estais vendo é o meu patrão, e, bem longe de ser jesuíta, ele acabou de matar um jesuíta, está carregando os seus despojos, eis o objeto de vosso equívoco. Para verificar o que vos digo, pegai a sua roupa, levai-a à primeira barreira do reino de Los Padres; informai-vos se o meu patrão não matou um oficial jesuíta. Precisareis de pouco tempo; podereis sempre nos comer se verificardes que vos menti. Mas se vos disse a verdade, conheceis demais os princípios do direito público, os costumes e as leis para não nos conceder graça."

Os *Oreillons* acharam esse discurso muito razoável; elegeram dois notáveis para ir em diligência se informar acerca da verdade; os dois emissários desempenharam a missão como pessoas inteligentes e voltaram logo trazendo boas notícias. Os Oreillons desamarraram seus dois prisioneiros, fizeram-lhes toda sorte de civilidades, ofereceram-lhes meninas, deram-lhes refrescos e os conduziram até os confins de seus estados, gritando com alegria: "Ele não é jesuíta, ele não é jesuíta!".

Cândido não deixava de admirar o objeto de sua libertação. "Que povo!", dizia ele, "que homens, que costumes! Se eu não tivesse tido a felicidade de dar um grande golpe de espada através do corpo do irmão da senhorita Cunegunda, estaria comido sem remissão. Mas, depois de tudo, a pura natureza é boa, pois esta gente aqui, em vez de me comer, fez-me mil gentilezas desde que soube que eu não era jesuíta."

17
Chegada de Cândido e de seu valete ao país do Eldorado

Quando estavam nas fronteiras dos Oreillons: "O senhor está vendo", disse Cacambo a Cândido, "que este hemisfério não vale mais do que o outro; acredite-me, voltemos à Europa pelo caminho mais curto". "Como voltar para lá", disse Cândido, "e aonde ir? Se for para o meu país, os búlgaros e os abares lá degolam tudo; se voltar para Portugal, serei queimado; se ficarmos neste país, corremos o risco, a todo momento, de sermos postos num espeto. Mas como resolver-se a deixar a parte do mundo que a senhorita Cunegunda habita?"

"Voltemos para Caiena", disse Cacambo, "lá encontraremos franceses que vão por todo o mundo, eles poderão nos ajudar, Deus talvez tenha piedade de nós."

Não era fácil ir para Caiena; eles sabiam mais ou menos bem para que lado era preciso caminhar; mas montanhas, rios, precipícios, bandidos, selvagens, eram por toda parte terríveis obstáculos. Seus cavalos morreram de fadiga: as provisões foram consumidas. Eles se alimentaram, durante um mês inteiro, de frutas silvestres, e se encontraram finalmente junto a um rio margeado de coqueiros, que sustentaram sua vida e suas esperanças.

Cacambo, que sempre dava tão bons conselhos quanto a velha, disse a Cândido: "Não aguentamos mais, já caminhamos bastante, estou vendo uma canoa vazia na margem, enchemo-la de cocos, lancemo-nos nesse barquinho, deixemo-nos levar pela correnteza, um rio leva sempre a algum lugar habitado. Se não encontrarmos coisas agradáveis, encontraremos pelo menos coisas novas". "Vamos", disse Cândido, "recomendemo-nos à Providência."

Vogaram algumas léguas entre margens ora floridas, ora áridas, ora planas, ora escarpadas. O rio ia se alargando sempre; finalmente perdia-se sob uma abóbada de rochedos terríveis que se erguiam até o céu. Os dois viajantes tiveram a ousadia de se abandonar às ondas, sob essa abóbada. O rio, estreitado nesse lugar, levou-os com uma rapidez e um barulho horrível. Ao cabo de vinte e quatro horas, eles voltaram a ver o dia, mas a canoa arrebentou-se contra os escolhos. Foi preciso arrastar-se de rochedo em rochedo durante uma légua inteira: enfim eles descobriram um horizonte imenso, bordejado de montanhas inacessíveis. A região era cultivada tanto pelo prazer como pela necessidade. Por toda parte o útil era agradável. Os caminhos estavam cobertos, ou melhor, ornados de carros de uma forma e de uma matéria brilhante, carregando homens e mulheres de uma beleza singular, puxados rapidamente por grandes carneiros vermelhos que ultrapassavam em velocidade os mais belos cavalos da Andaluzia, de Tetuán e de Mequinez.

"Eis, entretanto", diz Cândido, "um país melhor que a Vestfália." Ele pisou na terra com Cacambo junto à primeira aldeia que encontrou. Algumas crianças da aldeia, cobertas de brocados de ouro todos rasgados, jogavam malha na entrada do burgo. Os nossos dois homens do outro mundo divertiram-se em olhá-las. Suas malhas eram peças redondas bastante grandes, amarelas, vermelhas, verdes, que lançavam um brilho singular. Os viajantes tiveram vontade de recolher algumas; eram de ouro, eram de esmeraldas, de rubis, das quais a menor teria sido o maior ornamento do trono do mongol. "Sem dúvida", disse Cacambo, "essas crianças que estão jogando malha são filhas do rei do país." O magíster da aldeia apareceu nesse momento para conduzi-los para dentro da escola. "Eis", disse Cândido, "o preceptor da família real."

Os pequenos maltrapilhos abandonaram imediatamente o jogo, deixando no chão as malhas e tudo o que havia servido aos seus divertimentos. Cândido as recolhe, corre para o preceptor e as apresenta a ele humildemente, dando-lhe a entender por sinais que Suas Altezas Reais haviam esquecido seu ouro e suas pedrarias. O magíster da aldeia, sorrindo, as jogou por terra, olhou por um momento o rosto de Cândido, com muita surpresa, e continuou o seu caminho.

Os viajantes não deixaram de recolher o ouro, os rubis e as esmeraldas. “Onde nós estamos?”, gritou Cândido. “É preciso que os filhos dos reis deste país sejam muito bem-educados, uma vez que lhes é ensinado desprezar o ouro e as pedrarias.” Cacambo estava tão surpreso quanto Cândido. Finalmente aproximaram-se da primeira casa da aldeia. Era construída como um palácio da Europa. Uma multidão acotovelava-se à porta, e mais ainda no alojamento. Ouvia-se uma música agradabilíssima e sentia-se um odor delicioso de cozinha. Cacambo aproximou-se da porta e ouviu que se falava peruano; era a sua língua materna; pois todo mundo sabe que Cacambo nasceu em Tucumã, numa aldeia onde só se conhecia essa língua. “Eu vos servirei de intérprete”, disse ele a Cândido; “entremos, isto é uma taberna.”

Logo dois rapazes e duas moças da hospedaria, vestidos de uma manta de ouro, e com os cabelos amarrados com fitas, os convidam a sentar-se à mesa do hospedeiro. Serviram-lhes quatro caldos guarnecidos cada um de dois papagaios, um condor ensopado que pesava duzentas libras, dois macacos assados com gosto excelente, trezentos colibris numa travessa e seiscentos beija-flores em outra; ensopados requintados, pastéis deliciosos; tudo em pratos de uma espécie de cristal de rocha. Os rapazes e as moças da hospedaria serviam vários licores feitos de cana-de-açúcar.

Os convivas eram, na maioria, comerciantes ou condutores, todos de uma polidez extrema, que fizeram algumas perguntas a Cacambo com a mais circunspecta discrição, e que responderam às suas de maneira a lhe satisfazer.

Quando terminou a refeição, Cacambo acreditou, assim como Cândido, pagar bem a sua parte lançando sobre a mesa do hospedeiro duas dessas grandes peças de ouro que ele havia recolhido; o hospedeiro e a hospedeira desataram a rir e, por muito tempo, ficaram segurando os lados. Finalmente se recuperaram. "Senhores", disse o hospedeiro, "nós vemos bem que os senhores são estrangeiros, não estamos acostumados a vê-los. Perdoem-nos se nós nos pusemos a rir quando nos ofereceram em pagamento os calhaus de nossas estradas. Os senhores não têm, sem dúvida, a moeda do país, mas não é necessário tê-la para jantar aqui. Todas as hospedarias estabelecidas para a comodidade do comércio são pagas pelo governo. Os senhores comeram mal aqui porque se trata de uma pobre aldeia; mas em todos os outros lugares serão recebidos como merecem sê-lo". Cacambo explicava a Cândido todo o discurso do hospedeiro, e Cândido os escutava com a mesma admiração e a mesma perplexidade com que seu amigo Cacambo o transmitia. "Que país é este, então", diziam-se um ao outro, "desconhecido a todo o resto da terra, e onde toda a natureza é de uma espécie tão diferente da nossa? É provavelmente o país onde tudo vai bem; pois é absolutamente necessário que haja algum desta espécie. E, apesar do que dizia o mestre Pangloss, frequentemente me dei conta de que tudo ia bastante mal na Vestfália."

18
O que eles viram no país do Eldorado

Cacambo testemunhou ao seu hospedeiro toda a sua curiosidade; o hospedeiro lhe disse: “Sou muito ignorante, e não me importo com isso; mas temos aqui um ancião retirado da corte, que é o homem mais sábio do reino, e o mais comunicativo”. Imediatamente, ele levou Cacambo à casa do ancião. Cândido não desempenhava mais do que o papel de um personagem secundário e acompanhava seu valete. Eles entraram numa casa muito simples, pois a porta era apenas de prata, e os lambris dos cômodos eram só de ouro, mas trabalhados com tanto gosto que os mais ricos lambris não os apagavam. A antecâmara, na verdade, só era incrustada de rubis e de esmeraldas; mas a ordem na qual tudo estava arranjado reparava bem essa extrema simplicidade.

O ancião recebeu os dois estrangeiros num sofá estofado com plumas de colibri e mandou lhes servir licores em vasos de diamante após o que satisfez a sua curiosidade nos seguintes termos:

"Tenho cento e setenta e dois anos de idade e tomei conhecimento, pelo meu falecido pai, escudeiro do rei, das espantosas revoluções do Peru, de que ele fora testemunha. O reino onde estamos é a antiga pátria dos incas, que daqui saíram muito imprudentemente para ir subjugar uma parte do mundo, e que foram finalmente destruídos pelos espanhóis.

Os príncipes de sua família que permaneceram em seu país natal foram mais sábios; ordenaram, com o consentimento da nação, que nenhum habitante jamais sairia do nosso pequeno reino; e foi o que nos conservou a inocência e a felicidade. Os espanhóis tiveram um conhecimento confuso desse país; eles o chamaram de *El Dorado*; e um inglês, nomeado cavaleiro *Raleig*, até se aproximou dele há aproximadamente cem anos; mas, como estamos cercados de rochedos inabordáveis e de precipícios, sempre estivemos, até o presente, ao abrigo da rapacidade das nações da Europa, que têm um furor inconcebível pelos calhaus e pela lama da nossa terra, e que, para tê-los, nos matariam a todos, até o último."

A conversa foi longa; versou sobre a forma do governo, sobre os costumes, sobre as mulheres, sobre os espetáculos públicos, sobre as artes. Finalmente, Cândido, que tinha sempre gosto pela metafísica, mandou perguntar por Cacambo se no país havia uma religião.

O ancião corou um pouco. "Como então podeis duvidar? Será que nos tomais por ingratos?!" Cacambo perguntou humildemente qual era a religião de Eldorado. O velho corou novamente. "Será que pode haver duas religiões?", disse ele; "nós temos, creio, a religião de todo mundo; adoramos a

Deus da noite até o amanhecer." "Adorais somente um único Deus?", disse Cacambo, que continuava servindo de intérprete para as dúvidas de Cândido. "Aparentemente", disse o ancião, "não há nem dois, nem três, nem quatro. Confesso que as pessoas do vosso mundo fazem perguntas bem singulares." Cândido não se cansava de mandar interrogar esse bom ancião; quis saber como se rogava a Deus em Eldorado. "Nós não lhe rogamos nada", disse o bom e respeitável sábio; "não temos nada a lhe pedir; ele nos deu tudo o que nos é necessário; nós lhe agradecemos sem cessar." Cândido teve a curiosidade de ver alguns sacerdotes; mandou perguntar onde estavam. O bom velho sorriu. "Meus amigos", disse ele, "somos todos sacerdotes; o rei e todos os chefes de família entoam cânticos de ação de graças solenemente todas as manhãs; e cinco ou seis mil músicos os acompanham." "Quê!? Não tendes monges que ensinam, que disputam, que governam, que intrigam e que mandam queimar as pessoas que não são de sua opinião?" "Era preciso que fôssemos loucos", disse o ancião, "aqui nós somos todos da mesma opinião, e não entendemos o que nos quereis dizer com os vossos monges." Cândido, ante todos esses discursos, permanecia em êxtase, e dizia consigo mesmo: "Isto aqui é bem diferente da Vestfália e do castelo do senhor barão: se o nosso amigo Pangloss tivesse visto o Eldorado, nunca mais teria dito que o castelo de Thunder-ten-tronckh era o que havia de melhor sobre a terra; é certo que é preciso viajar".

Depois dessa longa conversa, o bom velhote mandou atrelar uma carruagem a seis carneiros e deu doze de seus domésticos aos dois viajantes para os conduzir à corte: "Desculpai-me", disse ele, "se a minha idade me priva da honra de vos acompanhar.

O rei vos receberá de uma maneira que não ficareis descontentes, e perdoareis, sem dúvida, aos usos do país se houver alguns que vos desagradem".

Cândido e Cacambo sobem na carruagem, os seis carneiros voavam, e em menos de quatro horas chegaram ao palácio do rei, situado numa extremidade da capital. O portal tinha duzentos e vinte pés de altura e cem de largura; é impossível exprimir qual era o seu material. Vê-se bem que superioridade prodigiosa devia ter em relação a esses calhaus e a essa areia a que chamamos de ouro e pedrarias.

Vinte belas moças da guarda receberam Cândido e Cacambo ao descerem da carruagem, os conduziram aos banhos, os vestiram com roupas de um tecido de plumagem de colibri; após o que os grandes oficiais e as grandes oficiais da Coroa os conduziram aos aposentos de Sua Majestade, no meio de duas fileiras, cada uma de mil músicos, segundo o costume ordinário. Quando se aproximaram da sala do trono, Cacambo perguntou a um grande oficial como era preciso proceder para saudar Sua Majestade, se devia se ajoelhar ou se pôr de bruços no chão, se se punham as mãos sobre a cabeça ou no traseiro, se se lambia a poeira da sala, numa palavra, qual era a cerimônia. "O costume", disse o grande oficial, "é abraçar o rei e o beijar dos dois lados." Cândido e Cacambo saltaram ao pescoço de Sua Majestade, que os recebeu com toda a graça imaginável e os convidou educadamente para jantar.

Enquanto esperavam, mostraram-lhes a cidade, os edifícios públicos erguidos até as nuvens, os mercados ornados de mil colunas, as fontes de água pura, as fontes de água rósea, aquelas de licores de cana-de-açúcar, que jorravam continuamente em grandes praças pavimentadas com uma espécie de pedraria que espargia um perfume semelhante ao do cravo-da-índia e da canela. Cândido pediu para ver o Tribunal de Justiça, o Parlamento; disseram-lhe que não havia, e que nunca se pleiteava. Ele informou-se se não havia prisões, e lhe disseram que não. O que mais o surpreendeu e que lhe deu maior prazer foi o palácio das ciências, no qual viu uma galeria de dois mil passos, toda cheia de instrumentos de matemática e de física.

Após ter percorrido, durante toda a tarde, cerca da milésima parte da cidade, foram levados de volta ao palácio do rei; Cândido sentou-se à mesa entre Sua Majestade, seu valete Cacambo e várias damas. Nunca se fez melhor refeição, e nunca se teve mais espírito ao jantar do que o teve Sua Majestade. Cacambo explicava as anedotas do rei a Cândido, e, embora traduzidas, elas pareciam sempre espirituosas. De tudo o que espantava Cândido, isso não foi o que lhe espantou menos.

Passaram um mês hospedados ali. Cândido não cessava de repetir a Cacambo: "É verdade, meu amigo, mais uma vez, que o castelo onde nasci não vale o país onde estamos; mas, afinal, a senhorita Cunegunda não está aqui, e tendes, sem dúvida, alguma amante na Europa. Se permanecermos aqui, não seremos senão como os outros, ao passo que, se voltarmos ao nosso mundo somente com doze carneiros carregados de calhaus do Eldorado, seremos mais ricos do que todos os reis juntos, não teremos mais inquisidores a temer, e poderemos facilmente recuperar a senhorita Cunegunda".

Esse discurso agradou a Cacambo; gosta-se tanto de correr, de se fazer valer entre os seus, de fazer alarde do que se viu nas viagens, que os dois felizes resolveram não mais o ser, e despedir-se de Sua Majestade.

"Fazeis uma tolice", lhes disse o rei; "eu sei bem que o meu país é pouca coisa; mas, quando se está razoavelmente bem em algum lugar, é preciso ficar; não tenho, seguramente, o direito de reter estrangeiros; é uma tirania que não está nem nos nossos costumes nem nas nossas leis; todos os homens são livres; parti quando quiserdes, mas a saída é bem difícil. É impossível subir de volta o rio rápido pelo qual chegastes por milagre, e que corre sob abóbadas de rochedos. As montanhas que rodeiam todo o meu reino têm dez mil pés de altura, e são íngremes como muralhas; elas ocupam cada uma em largura um espaço de mais de dez léguas, só se as pode descer por precipícios. Entretanto, como quereis absolutamente partir, vou dar ordem aos intendentes das máquinas para fazer uma que possa vos transportar comodamente. Quando vos tiverem conduzido para o outro lado das montanhas, ninguém poderá vos acompanhar, pois meus súditos fizeram voto de nunca sair de seu recinto, e eles são sábios demais para romper seu voto. Pedi-me, aliás, tudo que vos agradar." "Não pedimos a Vossa Majestade", disse Cacambo, "senão alguns carneiros carregados de víveres, de calhaus e da lama deste país." O rei riu: "Não concebo", disse ele, "que gosto a vossa gente da Europa tem pela nossa lama amarela; mas levai dela tanto quanto quiserdes, e que grande bem vos faça."

Deu ordem imediatamente a seus engenheiros que fizessem uma máquina para guindar esses dois homens extraordinários para fora do reino. Três mil bons físicos trabalharam nela; ficou pronta ao cabo de quinze dias, e não custou mais de vinte

Aug. de Zarate, *História da descoberta e da conquista do Peru.*
Amsterdã, 1700, in-12.

milhões de libras esterlinas, moeda do país. Foram postos sobre a máquina Cândido e Cacambo; havia dois grandes carneiros vermelhos selados e com rédeas para lhes servir de montaria quando tivessem ultrapassado as montanhas, vinte carneiros de carga carregados de víveres, trinta que levavam presentes do que o país tem de mais curioso, e cinquenta carregados de ouro, pedrarias e diamantes. O rei abraçou ternamente os dois viajantes.

Foi um belo espetáculo a partida deles, e a maneira engenhosa como foram içados, eles e seus carneiros para cima das montanhas. Os físicos despediram-se deles após tê-los posto em segurança, e Cândido não teve outro desejo nem outro objetivo a não ser apresentar os seus carneiros à senhorita Cunegunda. "Temos", disse ele, "com que pagar ao governador de Buenos Aires, se a senhorita Cunegunda puder ser posta a prêmio. Caminhemos rumo a Caiena, embarquemos, e veremos em seguida que reino poderemos comprar."

19
O que lhes aconteceu em Suriname, e como Cândido conheceu Martinho

A primeira jornada de nossos dois viajantes foi bastante agradável. Estavam encorajados pela ideia de se verem possuidores de mais tesouros do que a Ásia, a Europa e a África podiam reunir. Cândido, entusiasmado, escrevia o nome de Cunegunda nas árvores. No segundo dia, dois de seus carneiros afundaram em pântanos e desapareceram com suas cargas; dois outros carneiros morreram de fadiga alguns dias depois; sete ou oito pereceram em seguida, de fome e sede, num deserto; outros caíram, ao cabo de alguns dias, em precipícios. Enfim, após cem dias de marcha, só lhes restaram dois carneiros. Cândido disse a Cacambo: "Meu amigo, estais vendo como as riquezas desse mundo são perecíveis;

nada há de sólido a não ser a virtude e a felicidade de rever a senhorita Cunegunda". "Concordo", disse Cacambo, "mas ainda nos restam dois carneiros com mais tesouros do que jamais o terá o rei da Espanha, e vejo de longe uma cidade que suspeito ser Suriname, pertencente aos holandeses. Estamos no fim de nossos penas, e no começo de nossa felicidade."

Ao se aproximarem da cidade, encontraram um negro estendido no chão, tendo apenas a metade da roupa, isto é, um calção de pano azul; faltavam a esse pobre homem a perna esquerda e a mão direita. "Eh, meu Deus!", disse-lhe Cândido em holandês, "o que fazes aí, amigo, no estado horrível em que te vejo?" "Estou esperando o meu patrão, o senhor Vanderdendur, o famoso negociante", respondeu o negro. "Acaso foi o senhor Vanderdendur que te tratou assim?" "Sim, senhor", disse o negro, "é o costume. Dão-nos um calção de pano azul como única roupa, duas vezes por ano. Quando trabalhamos nos engenhos de açúcar e a mó nos pega o dedo, nos cortam a mão; quando queremos fugir, nos cortam a perna: eu me encontrei nos dois casos. É a esse preço que vós comeis açúcar na Europa. Entretanto, quando minha mãe me vendeu por dois escudos patagões na costa da Guiné, ela me dizia: 'Meu querido filho, abençoa os nossos fetiches, adora-os sempre, eles te farão viver feliz; tens a honra de ser escravo dos nossos senhores brancos, e fazes com isso a fortuna do teu pai e da tua mãe'. Lamentável! Não sei se fiz a fortuna deles, mas eles não fizeram a minha. Os cães, os macacos e os papagaios são mil vezes menos infelizes do que nós: os fetiches holandeses que me converteram me dizem todos os domingos que nós somos todos filhos de Adão, brancos e negros. Eu não sou genealogista, mas se esses

[Chambon], *Comércio da América por Marselha.* Leyde, Chambon, 1782, in-4°, tome Ier.

pregadores dizem a verdade, somos todos primos provindos de germanos. Ora, haveis de convir que não se pode tratar os parentes de maneira mais horrível."

"Ó Pangloss!", exclamou Cândido, "não tinhas adivinhado esta abominação; acabou-se, será preciso que afinal eu renuncie ao teu otimismo." "O que é otimismo?", dizia Cacambo. "Infelizmente", disse Cândido, "é a raiva de sustentar que tudo está bem quando se está mal." Derramava lágrimas olhando o seu negro e, chorando, entrou no Suriname.

A primeira coisa de que se informam foi se não havia no porto algum barco que se pudesse enviar a Buenos Aires. A pessoa a quem se dirigiram era justamente um patrão espanhol, que se ofereceu para fazer com eles um acordo honesto. Marcou encontro com eles numa taberna. Cândido e o fiel Cacambo foram esperá-lo lá com os dois carneiros.

Cândido, que tinha o coração nos lábios, contou ao espanhol todas as suas aventuras e confessou-lhe que queria raptar a senhorita Cunegunda. "Eu não vou, de forma alguma, vos levar a Buenos Aires", disse o patrão, "eu seria enforcado e vós também. A bela Cunegunda é a amante favorita do Monsenhor." Foi como um raio para Cândido; ele chorou por longo tempo; enfim chamou Cacambo à parte e lhe disse: "Eis, meu caro amigo, o que é preciso que faças. Temos, cada um, nos bolsos algo em torno de cinco ou seis milhões em diamantes; és mais esperto do que eu; vai pegar a senhorita Cunegunda em Buenos Aires. Se o governador opuser alguma dificuldade, dá-lhe um milhão; se ele não se render, dá-lhe dois; tu não mataste o inquisidor, ninguém desconfiará de ti; equiparei um outro barco; irei te esperar em Veneza; é um país livre, onde não há nada a temer, nem dos búlgaros, nem dos abares, nem dos judeus, nem dos inquisidores". Cacambo aplaudiu essa sábia resolução. Estava desesperado por separar-se de um bom patrão, que se tornara seu amigo íntimo; mas o prazer de lhe ser útil superou a dor de deixá-lo. Embarcaram vertendo lágrimas; Cândido recomendou-lhe que não esquecesse a boa velha. Cacambo partiu no mesmo dia. Era um homem muito bom esse Cacambo.

Cândido ficou ainda algum tempo em Suriname e esperou que um outro patrão quisesse levá-lo para a Itália, a ele e aos dois carneiros que lhe restavam. Contratou empregados e comprou tudo o que era necessário para uma longa viagem; enfim o Sr. Vanderdendur, dono de um grande barco, veio apresentar-se a ele. "Quanto quereis", perguntou a esse homem, "para me levar diretamente a Veneza, a mim, a minha gente, a minha bagagem e aos dois carneiros que aí estão?" O patrão combinou dez mil piastras. Cândido não hesitou.

"Oh, oh", disse a si mesmo o prudente Vanderdendur, "esse estrangeiro dá dez mil piastras todas de uma vez! É preciso que seja bem rico." Em seguida, voltando um momento depois, indicou que não podia partir por menos de vinte mil. "Pois bem, vós os tereis", disse Cândido.

"Sim", disse para si baixinho o mercador, "esse homem dá vinte mil piastras com a mesma facilidade com que dá dez mil." Ele voltou novamente e disse que não o podia conduzir a Veneza por menos de trinta mil piastras. "Tereis então trinta mil", respondeu Cândido.

"Oh, oh", disse a si mesmo de novo o mercador holandês, "trinta mil piastras não custam nada a esse homem; sem dúvida os dois carneiros levam tesouros imensos; não insistamos mais; cobremos primeiro as trinta mil piastras e depois veremos." Cândido vendeu dois pequenos diamantes, dos quais o menor valia mais do que todo o dinheiro que o patrão pedia. Pagou adiantado. Os dois carneiros foram embarcados. Cândido seguia num pequeno bote para juntar-se ao barco na baía; o patrão se apressa, iça a vela, solta as amarras; o vento o favorece. Cândido, desorientado e estupefato, o perde logo de vista. "Ai de mim!", gritou, "eis um golpe digno do Velho Mundo." Volta para a praia, mergulhado na dor; pois, enfim, havia perdido algo com que se faria a fortuna de vinte monarcas.

Ele se transporta à casa do juiz holandês; e como estava um pouco perturbado, bate rudemente à porta; entra, expõe a sua aventura e grita um pouco mais alto do que convinha. O juiz começa por fazê-lo pagar dez mil piastras pelo barulho que fizera. Em seguida, escutou-o pacientemente, prometeu examinar o caso assim que o mercador estivesse de volta, e pagasse dez mil outras piastras pelas despesas da audiência.

Esse procedimento acabou por desesperar Cândido; ele tinha, na verdade, passado por infortúnios mil vezes mais dolorosos; mas o sangue-frio do juiz, e o do mercador por quem foi roubado, inflamou a sua bílis e o mergulhou numa negra melancolia. A maldade dos homens se apresentava ao seu espírito em toda a sua feiura, ele só se nutria de ideias tristes. Enfim, estando um navio francês a ponto de partir para Bordeaux, como ele não tinha mais carneiros carregados de diamantes para embarcar, alugou uma cabine do navio a justo preço e mandou informar na cidade que pagaria a passagem, a alimentação e daria duas mil piastras a um homem honesto que quisesse fazer a viagem com ele; com a condição de que esse homem fosse o mais desgostoso de seu estado e o mais infeliz da província.

Apresentou-se uma multidão de pretendentes que uma frota não teria podido conter. Cândido, querendo escolher os mais aparentes, distinguiu uma vintena de pessoas que lhe pareciam bastante sociáveis, e que pretendiam todas merecer a preferência. Reuniu-as em sua taberna e ofereceu-lhes um jantar, com a condição de que cada um jurasse contar fielmente a sua história, prometendo escolher aquele que lhe parecesse o mais lamentável e o mais descontente com o seu estado ao mais justo título, e dar aos outros algumas gratificações.

A sessão durou até as quatro horas da madrugada. Cândido, escutando todas as suas aventuras, relembrava o que lhe dissera a velha ao ir para Buenos Aires, e da aposta que ela fizera de que não havia ninguém no navio a quem não tivessem ocorrido grandes infortúnios. Pensava em Pangloss a cada aventura que lhe contavam: “Esse Pangloss”, dizia ele, “ficaria bem embaraçado para demonstrar seu sistema. Gostaria que ele estivesse aqui. Certamente, se tudo vai bem, é no Eldorado, e não no resto da terra”. Finalmente, ele se determinou a favor de um pobre sábio que trabalhara durante dez anos para os livreiros de Amsterdã. Julgou que não havia profissão no mundo de que se pudesse ficar mais desgostoso.

Esse sábio, aliás, que era um bom homem, havia sido roubado pela mulher, espancado pelo filho e abandonado pela filha, que se fizera raptar por um português. Ele acabara de ser privado de um empreguinho do qual subsistia, e os pregadores de Suriname o perseguiam porque o tomavam por um sociniano. É preciso reconhecer que os outros eram pelo menos tão infelizes quanto ele; mas Cândido esperava que o sábio o desentediasse na viagem. Todos os seus outros rivais acharam que Cândido lhes fazia uma grande injustiça; mas ele os tranquilizou dando a cada um cem piastras.

20
O que aconteceu no mar a Cândido e a Martinho

O velho sábio, que se chamava Martinho, embarcou, então, para Bordeaux com Cândido. Ambos tinham visto muito, e sofrido muito; e, como o navio deveria velejar do Suriname ao Japão pelo cabo da Boa Esperança, eles puderam conversar, durante toda a viagem, sobre o mal moral e o mal físico.

Entretanto, Cândido tinha uma grande vantagem sobre Martinho; é que ele continuava esperando rever a senhorita Cunegunda, e Martinho não tinha nada a esperar; além disso, possuía ouro e diamantes; e, embora tivesse perdido cem grandes carneiros vermelhos carregados dos maiores tesouros da terra, embora tivesse sempre no coração a patifaria do patrão holandês, entretanto, quando pensava no que lhe restava nos bolsos e quando falava de Cunegunda, sobretudo no fim da refeição, pendia então para o sistema de Pangloss.

"Mas vós, senhor Martinho", dizia ele ao sábio, "o que pensais de tudo isso? Qual é a vossa ideia sobre o mal moral e o mal físico?" "Meu senhor", respondeu Martinho, "os meus padres me acusaram de ser sociniano; mas a verdade dos fatos é que sou maniqueu." "Estais zombando de mim", disse Cândido, "já não existem maniqueus no mundo." "Existo eu", disse Martinho, "não sei o que fazer com isso, mas não posso pensar de outro jeito." "É preciso que tenhais o diabo no corpo", disse Cândido. "Ele se imiscui tanto nos negócios deste mundo", disse Martinho, "que bem poderia estar no meu corpo, como em todos os outros lugares; mas confesso-vos que, dando uma olhada nesse globo, ou melhor, nesse glóbulo, penso que Deus o abandonou a algum ser malfeitor; disso excetuo sempre o Eldorado. Quase não vi cidade que não desejasse a ruína da cidade vizinha, nenhuma família que não quisesse exterminar alguma outra família. Por toda parte, os fracos execram os poderosos perante os quais rastejam, e os poderosos os tratam como rebanhos de que se vendem a lã e a carne. Um milhão de assassinos arregimentados, correndo de uma extremidade à outra da Europa, exercem o assassínio e o banditismo com disciplina para ganhar seu pão, porque não têm ofício mais honesto; e nas cidades que parecem desfrutar da paz e onde as artes florescem, os homens são devorados por mais cobiça, cuidados e inquietações do que uma cidade sitiada prova de flagelos. As aflições secretas são ainda mais cruéis do que as misérias públicas. Numa palavra, tanto vi e tanto provei que sou maniqueu."

"Há, entretanto, algo de bom nisso", replicava Cândido. "Pode ser", dizia Martinho, "mas não o conheço."

Ozanne l'aîné, *Marinha militar ou coleção de diferentes embarcações.* Paris. Chereau, s. d., 8°.

Em meio a essa disputa, ouviu-se um barulho de canhão. O barulho redobra a todo momento. Cada um pega a sua luneta. Avistam-se dois navios que combatiam a uma distância de cerca de três milhas. O vento os trouxe um e outro tão perto do navio francês que se teve o prazer de ver o combate bem à vontade. Finalmente, uma das duas embarcações lançou sobre a outra uma descarga de artilharia tão baixa e tão certa que a pôs a pique. Cândido e Martinho avistaram claramente uma centena de homens no convés do barco que estava afundando; todos levantavam as mãos ao céu e lançavam clamores espantosos: em um momento tudo foi engolido.

"Pois bem", disse Martinho, "eis como os homens se tratam uns aos outros." "É verdade", disse Cândido, "que existe algo de diabólico nessa situação." Enquanto assim falava, avistou não sei quê de um vermelho brilhante, que nada-

Ozanne l'aîné, *Marinha militar ou coleção de diferentes embarcações.* Paris. Chereau, s. d., 8°.

va junto do navio. Soltou-se a chalupa para ver o que podia ser, era um de seus carneiros. Cândido sentiu mais alegria por recuperar esse carneiro do que tinha ficado aflito por perder cem deles, todos carregados de grandes diamantes do Eldorado.

O capitão francês logo percebeu que o capitão do barco que submergia era espanhol, e que aquele do barco submerso era um pirata holandês; era aquele mesmo que havia roubado Cândido. As riquezas imensas de que aquele celerado se havia apossado foram sepultadas com ele no mar, e só houve um carneiro salvo. "Estais vendo", disse Cândido a Martinho, "que o crime às vezes é punido; esse malandro de patrão holandês teve a sorte que merecia." "Sim", disse Martinho, "mas acaso era preciso que os passageiros que estavam em seu barco perecessem também? Deus puniu esse patife, o diabo afogou os demais."

Nesse meio tempo, o navio francês e o espanhol continuaram a sua rota, e Cândido continuou suas conversas com Martinho. Eles discutiram quinze dias consecutivos, e, ao cabo desses quinze dias, estavam tão avançados quanto no primeiro. Mas, enfim, eles falavam, comunicavam ideias entre si, consolavam-se. Cândido acariciava o seu carneiro. "Já que eu te reencontrei", dizia, "bem poderei reencontrar Cunegunda."

21
Cândido e Martinho se aproximam da costa da França e discutem

Avista-se, finalmente, a costa da França. "Algum dia estivestes na França, senhor Martinho?", disse Cândido. "Sim", disse Martinho, "percorri várias províncias. Há algumas em que a metade dos habitantes é louca, algumas onde se é esperto demais, outras em que comumente se é bastante cordato e bastante tolo, outras em que se afeta intelectualidade, e, em todas, a principal ocupação é o amor, a segunda é a maledicência e a terceira é dizer bobagens." "Mas, senhor Martinho, vistes Paris?" "Sim, vi Paris; tem algo de todas essas espécies; é um caos, é um corre-corre, em que todo mundo procura o prazer e onde quase ninguém o encontra, pelo menos foi o que me pareceu. Permaneci pouco tempo lá; fui roubado, ao chegar, de tudo que tinha, por gatunos, na feira de Saint-Germain. Acharam que eu mesmo era um ladrão e fiquei oito dias na cadeia; após o que me tornei revisor de imprensa para ganhar com que retornar a pé para a Holanda. Conheci a canalha escrevente, a canalha cabalante e a canalha convulsionária. Dizem que há pessoas muito polidas nessa cidade; quero acreditar." "Quanto a mim, não tenho nenhuma curiosidade de ver a França", disse Cândido; "adivinhais facilmente que, quando se passou um mês em Eldorado, a gente já não se preocupa em ver mais nada na terra, a não ser a senhorita Cunegunda; vou esperá-la em Veneza; atravessaremos a França para ir à Itália; não me acompanhareis?" "Com muito gosto", disse Martinho; "dizem que Veneza só é boa para os nobres venezianos, mas que, no entanto, lá se recebem muito bem os estrangeiros quando estes têm muito dinheiro; eu não tenho, vós tendes; eu vos seguirei por toda parte." "A propósito", disse Cândido, "pensais que a terra tenha sido originariamente um mar, como garante este grosso livro que pertence ao capitão do barco?" "Não creio absolutamente nisso", disse Martinho, "nem tampouco em todas essas fantasias que nos contam há algum tempo." "Mas com que fim então este mundo foi formado?", disse Cândido. "Para nos deixar com raiva", respondeu Martinho. "Não ficais muito admirado", continuou Cândido, "com o amor que essas duas garotas do país dos Oreillons tinham por aqueles dois macacos, e de quem vos contei a aventura?" "Nem um pouco", disse Martinho, "não vejo o que essa paixão tem de estranho; vi tantas coisas extraordinárias que não há mais nada de extraordinário." "Acreditais", disse Cândido, "que os homens tenham sempre se massacrado mutuamente, como fazem hoje? Que tenham sido sempre mentirosos, traiçoeiros, pérfidos, ingratos, bandidos, fracos, volúveis, covardes, invejosos, gulosos, ébrios, avaros, ambiciosos, sanguinários, caluniadores, debochados, fanáticos, hipócritas e tolos?" "Acreditais", disse Martinho, "que os gaviões tenham sempre comido pombos quando os encontraram?" "Acredito, sem dúvida", disse Cândido. "Pois bem", disse Martinho, "se os gaviões sempre tiveram o mesmo caráter, por que quereis que os homens tenham mudado o deles?" "Oh!", disse Cândido, "existe muita diferença, pois o livre-arbítrio..." Discutindo assim, eles chegaram a Bordeaux.

22
O que aconteceu na França a Cândido e a Martinho

Cândido só parou em Bordeaux pelo tempo necessário para vender alguns calhaus do Eldorado e para conseguir uma boa charrete de dois lugares, pois ele não podia mais ficar sem o seu filósofo Martinho; ele só ficou muito zangado de se separar de seu carneiro, que deixou na Academia de Ciências de Bordeaux, a qual propôs como tema do prêmio daquele ano descobrir por que a lã daquele carneiro era vermelha; e o prêmio foi adjudicado a um sábio do Norte, que demonstrou por A mais B, menos C, dividido por Z, que o carneiro devia ser vermelho, e morrer de gafeira.

Nesse ínterim, todos os viajantes que Cândido encontrou nas tabernas da estrada lhe diziam: “Nós vamos a Paris”. Essa pressa geral lhe deu enfim vontade de ver essa capital; não era se desviar muito do caminho de Veneza.

Vista de Bordeaux, origem desconhecida.

Entrou pelo subúrbio de Saint-Marceau e acreditou estar na aldeia mais feia da Vestfália.

Mal Cândido chegou a seu albergue, foi atacado por uma doença leve causada por suas fadigas. Como ele tinha no dedo um diamante enorme, e porque tinham percebido na sua bagagem uma caixinha prodigiosamente pesada, logo teve à sua volta dois médicos que não havia chamado, alguns amigos íntimos que não saíram de perto dele, e duas devotas que esquentavam caldos. Martinho dizia: "Lembro-me de também ter estado doente em Paris, na minha primeira viagem; eu era muito pobre, então não tive nem amigos, nem devotas, nem médicos e sarei".

Entretanto, à força de medicamentos e sangrias, a doença de Cândido se tornou séria. Um padre do bairro veio com suavidade lhe pedir uma nota promissória ao portador para o outro mundo. Cândido não quis fazer nada; as devotas lhe asseguraram que era uma nova moda. Cândido respondeu que não era um homem na moda. Martinho quis jogar o padre pela janela. O clérigo jurou que ninguém enterraria Cândido. Martinho jurou que enterraria o clérigo se ele continuasse a importuná-los. A querela esquentou, Martinho o pegou pelos ombros e o expulsou rudemente, o que causou um grande escândalo, que resultou num processo verbal.

Cândido sarou, e durante a sua convalescência teve muito boa companhia para jantar em sua casa. Jogava-se um grande jogo. Cândido estava admirado de que os ases nunca lhes vinham, e Martinho não se admirava com isso.

Entre aqueles que lhe faziam as honras da cidade, havia um pequeno abade do Périgord, uma dessas pessoas solícitas, sempre alertas,

Erasmo, *Eloge de la folie* [Elogio da loucura].
Trad. Gueudeville. Paris, 1751, 4°.

sempre prestativas, atrevidas, carinhosas, acolhedoras, que espreitam os estrangeiros em sua passagem, contam-lhes a história escandalosa da cidade e lhes oferecem prazeres a qualquer preço. Este levou primeiro Cândido e Martinho ao teatro. Encenava-se uma tragédia nova. Cândido se viu colocado junto de alguns intelectuais. Isso não o impediu de chorar nas cenas interpretadas perfeitamente. Um dos discursadores que estavam ao seu lado lhe disse num intervalo: "O senhor está muito errado de chorar, essa atriz é muito ruim, o ator que interpreta com ela é pior ainda, a peça é ainda pior que os atores: o autor não sabe uma palavra de árabe, e, no entanto, a cena é na Arábia; e, além disso, é um homem que não acredita nas ideias inatas: eu vos indicarei amanhã vinte brochuras contra ele". "Meu senhor, quantas peças de teatro tendes na França?", disse Cândido ao abade, o qual respondeu: "Cinco ou seis mil." "É muito", disse Cândido; "quantas delas são boas?" "Quinze ou dezesseis", replicou o outro. "É muito", disse Martinho.

Cândido ficou muito contente com uma atriz que fazia a rainha Elisabeth em uma tragédia bastante sem graça que, às vezes, é encenada. "Essa atriz", disse ele a Martinho, "me agrada bastante, ela tem um falso jeito da senhorita Cunegunda; eu teria imenso prazer em cumprimentá-la." O abade perigordino se ofereceu para apresentá-lo a ela. Cândido, educado na Alemanha, perguntou qual era a etiqueta e como se tratavam na França as rainhas da Inglaterra. "É preciso distinguir", disse o abade: "na província, as levamos à taverna; em Paris, as respeitamos quando são belas e as lançamos na sarjeta quando morrem." "Rainhas na sarjeta!", disse Cândido. "Sim, realmente", disse Martinho;

"o senhor abade tem razão; eu estava em Paris quando a senhorita Monime passou, como se diz, desta vida à outra; foi-lhe recusado o que esta gente daqui chama de honras da sepultura, isto é, apodrecer com todos os mendigos do bairro num horrível cemitério; ela foi enterrada sozinha, isolada de seu grupo, na esquina da rua de Bourgogne; o que deve ter lhe causado uma pena extrema, pois ela pensava muito nobremente." "Isso é bem descortês", disse Cândido. "Que quereis?", disse Martinho; "essas pessoas são assim feitas. Imaginai todas as contradições, todas as incompatibilidades possíveis, vós as vereis no governo, nos tribunais, nas igrejas, nos espetáculos desta estranha nação." "É verdade que sempre se ri em Paris?", disse Cândido. "Sim", disse o abade, "mas é de raiva; pois lá as pessoas se queixam de tudo com grandes gargalhadas, e até se fazem rindo as ações mais detestáveis."

"Quem é", disse Cândido, "esse porcalhão que me falou tão mal da peça na qual eu tanto chorei, e dos atores que me deram tanto prazer?" "É alguém que vive mal", respondeu o abade, "que ganha a vida falando mal de todas as peças e de todos os livros; ele odeia quem quer que tenha sucesso, como os eunucos odeiam os que gozam; é uma dessas serpentes da literatura que se alimentam de lama e de veneno; é um foliculário..." "O que chamais de foliculário?", disse Cândido. "É", disse o abade, "um fazedor de folhas, um F..."

Era assim que Cândido, Martinho e o perigordino discutiam na escadaria, vendo desfilar o mundo à saída da peça. "Embora eu esteja muito apressado de rever a senhorita Cunegunda", disse Cândido, "gostaria, no entanto, de jantar com a senhorita Clairon, pois ela me pareceu admirável."

Origem desconhecida.

O abade não era homem de se aproximar da senhorita Clairon, que só andava em boa companhia. "Ela está comprometida esta noite", disse ele, "mas terei a honra de levar-vos até uma dama de qualidade, e lá conhecereis Paris como se aí estivésseis há quatro anos."

Cândido, que era naturalmente curioso, deixou-se levar à casa da dama, no fundo do Faubourg Saint-Honoré; as pessoas estavam aí ocupadas de um faraó; doze tristes jogadores seguravam na mão, cada um, um livrinho de cartas, registro de pontas dobradas dos seus infortúnios. Um profundo silêncio reinava, a palidez estava nas frontes dos jogadores, a inquietação na do banqueiro, e a dama da casa, sentada perto desse banqueiro impiedoso, observava com olhos de lince todos os paroles, todos os *sept-et-le-va* de campanha, com que cada jogador dobrava a ponta das suas cartas; ela os fazia desdobrar, com uma atenção severa, mas polida, e não se zangava, com medo de perder sua clientela: a dama fazia-se chamar de *a marquesa de Parolignac*. Sua filha, de quinze anos, contava-se entre os jogadores e advertia, com uma piscadela, das trapaças daqueles pobres coitados, que tentavam parar as crueldades da sorte. O abade perigordino, Cândido e Martinho entraram, ninguém se levantou, nem os saudou, nem os olhou; todos estavam profundamente ocupados com suas cartas. "A senhora baronesa de Thunder-ten-tronckh era mais bem-educada", disse Cândido.

Nesse ínterim, o abade aproximou-se do ouvido da marquesa, que se levantou um pouco, homenageou Cândido com um sorriso gracioso, e a Martinho com um meneio de cabeça totalmente nobre; mandou darem um assento e um baralho a

Cândido, que perdeu cinquenta mil francos em duas rodadas; após o que se jantou muito alegremente, e todo o mundo estava admirado de que Cândido não tivesse ficado emocionado com a sua perda; os lacaios diziam entre si, em sua linguagem de lacaios: "Este deve ser algum lorde inglês".

O jantar foi como a maioria dos jantares de Paris: primeiro silêncio, em seguida um barulho de palavras que não se distinguem, depois gracejos que na maior parte são insípidos, notícias falsas, maus arrazoados, um pouco de política e muita maledicência; falou-se até de livros novos. "Já lestes", disse o abade perigordino, "o romance do senhor Gauchat, doutor em teologia?" "Já", respondeu um dos convivas, "mas não pude terminá-lo. Temos uma multidão de escritos impertinentes, mas todos juntos não chegam perto da impertinência de Gauchat, doutor em teologia; estou tão farto dessa imensidade de livros detestáveis que nos inundam que comecei a frequentar o faraó..." "E as miscelâneas do arcediago T..., que dizes delas?", disse o abade. "Ah!", disse madame de Parolignac, "o enfadonho mortal! Como ele vos diz curiosamente o que todo o mundo sabe! Como discute pesadamente o que não vale a pena ser notado ligeiramente! Como se apropria sem espírito do espírito dos outros! Como ele estraga o que pilha! Como me dá náuseas! Mas não me dará mais náuseas; já basta ter lido algumas páginas do arcediago."

Havia à mesa um homem erudito e de bom gosto, que apoiou o que dizia a marquesa. Falou-se em seguida de tragédias; a dama perguntou por que havia tragédias que se encenavam algumas vezes e que não se podia ler. O homem de bom gosto explicou muito bem como uma peça podia ter algum interesse e não ter quase nenhum mérito; provou, em poucas palavras, que não era suficiente levar uma ou duas dessas situações que se encontram em todos os romances e que seduzem sempre os espectadores, mas que é preciso ser novo sem ser bizarro, muitas vezes sublime, e sempre natural; conhecer o coração humano e fazê-lo falar; ser grande poeta sem que jamais algum personagem da peça pareça poeta, saber perfeitamente a língua, falá-la com pureza, com uma harmonia contínua, sem que jamais a rima custe alguma coisa ao sentido. "Alguém", acrescentou, "que não observe todas essas regras pode fazer uma ou duas tragédias aplaudidas no teatro, mas nunca será contado na fileira dos bons escritores; há muito poucas boas tragédias; algumas são idílios em diálogos bem escritos e bem rimados; outras, arrazoados políticos que dão sono, ou amplificações que enfadam; outras, sonhos de energúmeno, em estilo bárbaro; palavras interrompidas, longos apóstrofes aos deuses, porque não se sabe falar aos homens, máximas falsas, lugares-comuns empolados."

Cândido escutou essas palavras com atenção e concebeu uma grande ideia do paroleiro, e como a marquesa tivera o cuidado de o colocar ao lado dela, ele se aproximou de seu ouvido e tomou a liberdade de lhe perguntar quem era aquele homem que falava tão bem. "É um sábio", disse a dama, "que não aposta, e que o abade me traz às vezes para jantar; ele é grande conhecedor de tragédias e de livros, e fez uma tragédia vaiada e um livro que nunca se viu fora da loja de seu livreiro, a não ser um exemplar que ele me dedicou." "Que grande homem!", disse Cândido. "É um outro Pangloss."

Então, voltando-se para ele, disse-lhe: "Meu senhor, pensais, sem dúvida, que tudo é o melhor no mundo físico e no moral, e que nada podia ser de outro jeito?". "Eu, meu senhor", respondeu-lhe o sábio, "não penso nada disso; acho que tudo vai de través entre nós, que ninguém sabe nem qual é a sua posição, nem qual é o seu cargo, e que exceto o jantar, que é bastante alegre, e onde aparece bastante união, todo o resto do tempo se passa em querelas impertinentes; jansenistas contra molinistas, parlamentares contra eclesiásticos, literatos contra literatos, cortesãos contra cortesãos, financistas contra o povo, mulheres contra maridos, parentes contra parentes; é uma guerra eterna."

Cândido replicou-lhe: "Já vi pior; mas um sábio, que depois teve a desgraça de ser enforcado, me ensinou que tudo isso está às mil maravilhas; são sombras num belo quadro". "Vosso enforcado zombava do mundo", disse Martinho; "as vossas sombras são manchas horríveis." "São os homens que fazem as manchas", disse Cândido, "e não se podem dispensar disso." "Então não é culpa deles", disse Martinho. A maior parte dos jogadores, que não entendia nada dessa linguagem, bebia; e Martinho argumentou com o sábio, e Cândido contou uma parte de suas aventuras à dama da casa.

Depois do jantar, a marquesa levou Cândido ao seu escritório e o fez sentar-se num sofá. "Pois bem!", disse-lhe ela, "então continuais amando perdidamente a senhorita Cunegunda de Thunder-ten-tronckh!?" "Sim, minha senhora", respondeu Cândido. A marquesa lhe replicou com um sorriso terno: "Vós me respondeis como um rapaz da Vestfália; um francês me teria dito: 'É verdade que amei a senhorita Cunegunda, mas, ao ver-vos, minha senhora, temo não mais a amar'". "Lamentavelmente, minha senhora", disse Cândido, "responderei como quiserdes." "A vossa paixão por ela", disse a marquesa, "começou ao recolher seu lenço; quero que recolhas a minha liga." "Com todo o meu coração", disse Cândido; e ele a recolheu. "Mas eu quero que a recoloqueis em mim", disse a dama, e Cândido a recolocou. "Estais vendo", disse a dama; "vós sois estrangeiro; às vezes faço enlanguescer os meus amantes de Paris por quinze dias, mas me rendo a vós desde a primeira noite, porque é preciso fazer as honras de seu país a um rapaz da Vestfália." A bela, tendo percebido dois enormes diamantes nas duas mãos de seu jovem estrangeiro, louvou-os de tão boa-fé que dos dedos de Cândido eles passaram aos dedos da marquesa.

Cândido, retornando com seu abade perigordino, sentiu alguns remorsos por ter cometido uma infidelidade para com a senhorita Cunegunda; o senhor abade se compadece de seu sofrimento; ele só tinha uma pequena parte nas cinquenta mil libras perdidas no jogo por Cândido, e no valor dos dois brilhantes, meio dados, meio extorquidos. Seu desejo era aproveitar, tanto quanto pudesse, das vantagens que o conhecimento de Cândido podia lhe proporcionar. Falou-lhe muito de Cunegunda; e Cândido lhe disse que pediria perdão a essa bela por sua infidelidade, quando a visse em Veneza.

O perigordino redobrava as gentilezas e as atenções, e demonstrava um interesse terno em tudo o que Cândido dizia, em tudo o que fazia, em tudo o que queria fazer.

"Tendes, pois, meu senhor", disse-lhe ele, "um encontro em Veneza?" "Sim, senhor abade", disse Cândido; "é absolutamente necessário que eu vá me encontrar com a senhorita Cunegunda." Então, envolvido pelo prazer de falar daquilo que amava, contou, segundo o seu costume, uma parte de suas aventuras com essa ilustre vestfaliana.

"Acredito", disse o abade, "que a senhorita Cunegunda tem muito espírito e que ela escreveu cartas encantadoras." "Eu nunca as recebi", disse Cândido, "pois imaginai que, tendo sido expulso do castelo por amor a ela, não lhe pude escrever; que logo depois soube que ela estava morta, que em seguida a reencontrei, e que a perdi; e que lhe enviei a duas mil e quinhentas léguas daqui uma carta expressa à qual espero resposta."

O abade escutava atentamente e parecia um pouco sonhador. Logo despediu-se dos dois estrangeiros, após tê-los abraçado ternamente. No dia seguinte, Cândido recebeu, ao acordar, uma carta concebida nesses termos:

"Meu senhor, meu tão querido amante, há oito dias que estou doente nesta cidade; fiquei sabendo que estais nela. Voaria para os vossos braços se pudesse me mexer. Soube de vossa passagem por Bordeaux; deixei lá o fiel Cacambo e a velha, que logo devem me seguir. O governador de Buenos Aires tomou tudo, mas resta-me o vosso coração. Vinde, vossa presença me devolverá a vida, ou me fará morrer de prazer."

Essa carta encantadora, essa carta inesperada arrebatou Cândido em uma alegria inexprimível; e a doença de sua querida Cunegunda o arrasou de dor. Partilhado entre esses dois sentimentos, ele pega seu ouro e seus diamantes e faz-se conduzir com Martinho ao hotel onde a senhorita Cunegunda se hospedava. Entra tremendo de emoção, o coração palpita, a voz soluça; quer abrir as cortinas da cama, quer trazer luz. "Não faça isso", disse a acompanhante, "a luz a mata", e subitamente torna a fechar as cortinas. "Minha querida Cunegunda", disse Cândido chorando, "como estás se sentindo? Se não podes me ver, fala comigo pelo menos." "Ela não pode falar", disse a acompanhante. A dama, então, tira da cama uma mão rechonchuda que Cândido rega longamente com suas lágrimas e que enche em seguida de diamantes, deixando um saco cheio de ouro sobre a poltrona.

No meio de seus arrebatamentos, chega um oficial de polícia seguido do abade perigordino e de uma escolta. "Aí estão, pois", disse ele, "os dois estrangeiros suspeitos?" Ele manda prendê-los imediatamente e ordena aos seus bravos que os conduzam à prisão. "Não é assim que tratam os viajantes no Eldorado", disse Cândido. "Eu estou mais maniqueu do que nunca", disse Martinho. "Mas, meu senhor, aonde nos estais levando?", disse Cândido. "A um calabouço", disse o oficial.

Martinho, tendo retomado o sangue-frio, julga que a dama que se fazia passar por Cunegunda era uma patife, o abade perigordino, um patife que tinha abusado o mais depressa possível da inocência de Cândido, e o oficial, um outro patife do qual era possível facilmente se desembaraçar.

Em vez de se expor aos procedimentos da justiça, Cândido, esclarecido por seu conselho, e, aliás, sempre impaciente por rever a verdadeira Cunegunda, propõe ao oficial três pequenos diamantes de cerca de três mil pistolas cada um. "Ah! Senhor", diz-lhe o homem de bastão de marfim, "tivésseis vós cometido todos os crimes imagináveis, sois o homem mais honesto do mundo; três diamantes! Cada um de três mil pistolas! Meu senhor, eu me deixaria matar por vós, em vez de vos conduzir à masmorra. Detêm todos os estrangeiros, mas deixai-me agir; tenho um irmão em Dieppe, na Normandia, vou levar-vos até lá; e se tiverdes algum diamante para lhe dar, ele cuidará de vós como eu mesmo."

"E por que detêm todos os estrangeiros?", disse Cândido. O abade perigordino tomou então a palavra e disse: "É porque um mendigo da região da Atrebácia ouviu dizer bobagens, só isso o fez cometer um parricídio, não como aquele de 1610, no mês de maio, mas como o de 1594, no mês de dezembro, e tal como vários outros cometidos em outros anos e em outros meses por outros mendigos que tinham ouvido dizer bobagens".

O oficial, então, explicou de que se tratava. "Ah! esses monstros!", exclamou Cândido. "Quê! Tais horrores num povo que dança e canta! Não poderia eu sair o mais depressa possível deste país onde macacos provocam tigres? Vi ursos em minha terra; só vi homens no Eldorado. Em nome de Deus, senhor oficial, levai-me para Veneza, onde devo esperar a senhorita Cunegunda." "Só posso levá-lo à Baixa Normandia", disse o chefe de polícia. Imediatamente, manda tirar dele as algemas, diz que se enganara, despede o seu pessoal e leva a Dieppe Cândido e Martinho, e os deixa aos cuidados de seu irmão. Havia um pequeno barco holandês na baía. O normando, com a ajuda de três outros diamantes, transformado no mais serviçal dos homens, embarca Cândido e seus homens no navio, que ia fazer vela rumo a Portsmouth, na Inglaterra. Não era o caminho para Veneza; mas Cândido acreditava estar libertado do inferno, e contava retomar a rota para Veneza na primeira ocasião.

23
Cândido e Martinho vão para a costa da Inglaterra, e o que eles veem ali

"Ah, Pangloss! Pangloss! Ah, Martinho! Martinho! Ah, minha querida Cunegunda! Que mundo é este?", dizia Cândido no barco holandês. "Algo de bem louco e de bem abominável", respondia Martinho. "Conheceis a Inglaterra; as pessoas aí são tão loucas como na França?" "É uma outra espécie de loucura", disse Martinho; "sabeis que essas duas nações estão em guerra por alguns palmos de neve do Canadá, e que despendem nessa bela guerra muito mais do que vale todo o Canadá. Dizer-vos precisamente se há mais pessoas para prender num país do que no outro é o que as minhas fracas luzes não me permitem. Sei somente que, em geral, as pessoas que vamos ver são bastante atrabiliárias."

Conversando assim, aportaram em Portsmouth; uma multidão de pessoas cobria a praia e olhava atentamente um homem bastante grande que estava de joelhos, com os olhos vendados, no convés de um dos barcos da frota; quatro soldados, postados à frente desse homem, deram-lhe, cada um, três tiros no crânio, com a maior calma do mundo, e toda a assembleia se retirou extremamente satisfeita. "O que é tudo isso?", disse Cândido, "e que demônio exerce por toda parte o seu império?" Ele perguntou quem era aquele homem grande que haviam acabado de matar cerimoniosamente. "É um almirante", responderam-lhe. "E por que matar esse almirante?" "É", dizem-lhe, "porque ele não mandou matar gente suficiente; travou combate com um almirante francês e acharam que não estava suficientemente perto dele." "Mas", disse Cândido, "o almirante francês estava tão longe do almirante inglês quanto este do outro?" "Isso é incontestável", replicaram-lhe. "Mas neste país é bom matar de tempos em tempos um almirante para encorajar os outros."

Cândido ficou tão atordoado e tão chocado com o que via e com o que ouvia que não só não quis pôr o pé em terra, como negociou com o patrão holandês (teve que o roubar como aquele do Suriname) para conduzi-lo sem demora a Veneza

O patrão ficou pronto ao cabo de dois dias. Costeou-se a França. Passou-se à vista de Lisboa, e Cândido estremeceu. Adentrou-se no estreito e no Mediterrâneo. Enfim aportou-se em Veneza. "Deus seja louvado", disse Cândido abraçando Martinho, "é aqui que vou rever a bela Cunegunda. Conto com Cacambo como comigo mesmo. Tudo está bem, tudo vai bem, tudo vai o melhor que seja possível."

Nova viagem para a Itália. La Haye, Van Bulderen, 1727, in-12.

(cont.)

24
De Paquette e do irmão Giroflée

Assim que chegou a Veneza, mandou procurar Cacambo em todas as tabernas, em todos os cafés, entre todas as prostitutas, e não o encontrou. Enviava alguém todos os dias à procura dele em todos os navios e em todas as barcas: nenhuma notícia de Cacambo. “Quê!”, dizia ele a Martinho, “tive tempo de passar do Suriname a Bordeaux, de ir de Bordeaux a Paris, de Paris a Dieppe, de Dieppe a Portsmouth, de costear Portugal e a Espanha, de atravessar todo o Mediterrâneo, de passar alguns meses em Veneza, e a bela Cunegunda não veio! Só encontrei em vez dela uma atrevida e um abade perigordino! Cunegunda morreu, sem dúvida, e só me resta morrer. Ah! teria sido melhor ter ficado no paraíso do Eldorado que voltar a esta maldita Europa. Como tendes razão, meu caro Martinho! Tudo não é senão ilusão e calamidade.”

Ele caiu numa melancolia negra e não tomou parte na ópera *alla* moda, nem nas demais diversões do carnaval; nenhuma mulher lhe causou a menor tentação. Martinho disse-lhe: “Sois bem simplório, na verdade, imaginando que um criado mestiço que tem cinco ou seis milhões nos bolsos irá procurar a vossa amada nos quatro cantos do mundo e trazê-la a Veneza para vós. Ele a tomará para si, se a encontrar. Se não, tomará outra; aconselho-vos a esquecer o vosso valete Cacambo e a vossa amada Cunegunda". Martinho não estava sendo consolador. A tristeza de Cândido aumentou, e Martinho não cessava de lhe provar que havia pouca virtude e pouca felicidade na terra, exceto, talvez, no Eldorado, aonde ninguém podia ir.

Discutindo sobre essa matéria importante e esperando Cunegunda, Cândido avistou um jovem teatino na praça São Marcos, que estava de braço dado com uma moça. O teatino parecia fresco, rechonchudo, vigoroso; seus olhos estavam brilhantes, tinha um ar seguro, um aspecto altivo, um andar orgulhoso. A moça era muito bonita e cantava; olhava amorosamente para o seu teatino e de vez em quando beliscava suas grandes bochechas. "Vós me confessareis, pelo menos", disse Cândido a Martinho, "que essas pessoas são felizes; não encontrei até o presente em toda a terra habitável, exceto no Eldorado, senão infortunados; mas, quanto a essa moça e a esse teatino, aposto que são criaturas muito felizes." "Aposto que não", disse Martinho. "É só convidá-los para jantar", disse Cândido, "e vereis se estou enganado."

Logo ele os aborda, faz-lhes um cumprimento e os convida a virem à sua hospedagem comer macarrão, perdizes da Lombardia, ovos de esturjão e tomar vinho de Montepulciano, Lacryma-Christi, de Chipre e de Samos. A senhorita enrubesceu, o teatino aceitou a proposta, a moça o seguiu olhando para Cândido com olhos de surpresa e confusão, que foram obscurecidos por algumas lágrimas. Mal ela entrou no quarto de Cândido, disse-lhe: "Ora, senhor Cândido, não reconhece mais a Paquette?!".

A essas palavras, Cândido, que não a tinha considerado até então com atenção, porque só estava ocupado com Cunegunda, disse-lhe: “Oh, minha pobre criança, fostes vós então que colocastes o doutor Pangloss no belo estado em que o vi?”.

“Infelizmente, meu senhor, fui eu mesma”, disse Paquette; “vejo que o senhor está sabendo de tudo. Eu soube das desgraças terríveis acontecidas a toda a casa da senhora baronesa e à bela Cunegunda. Juro-vos que o meu destino não foi menos triste. Eu era muito inocente quando o senhor me viu. Um frade franciscano, que era meu confessor, me seduziu facilmente. As consequências disso foram pavorosas; fui obrigada a sair do castelo algum tempo depois que o senhor barão vos expulsou com grandes pontapés no traseiro. Se um famoso médico não se tivesse apiedado de mim, estaria morta. Fui, durante algum tempo, por gratidão, amante desse médico. A mulher dele, que era furiosamente ciumenta, batia em mim todos os dias impiedosamente; era uma Fúria. Esse médico era o mais feio de todos os homens, e eu a mais infeliz de todas as criaturas por ser espancada continuamente por um homem que eu não amava. Sabeis, meu senhor, quanto é perigoso para uma mulher intratável ser esposa de um médico. Este, exacerbado com os procedimentos da mulher, deu-lhe um dia, para curá-la de um resfriadinho, um medicamento tão eficaz que ela morreu em duas horas, em convulsões horríveis. Os parentes da senhora intentaram um processo criminal contra o senhor médico; ele fugiu, e eu fui presa. Minha inocência não me teria salvado se eu não fosse um pouco bonita. O juiz me liberou sob a condição de ele suceder ao médico. Fui logo suplantada por uma rival, expulsa sem recompensa e obrigada a continuar esse ofício abominável que vos parece tão prazeroso a vós homens, e que não é para nós senão um abismo de misérias. Fui exercer a profissão em Veneza. Ah, meu senhor, se pudésseis imaginar o que é ser obrigada a acariciar indiferentemente um velho comerciante, um advogado, um monge, um gondoleiro, um padre; ser exposta a todos os insultos, a todas as avanias; ser com frequência reduzida a colocar uma saia para ir fazê-la levantar por um homem nojento; ser roubada por um daquilo que ganhou com o outro; ser extorquida por oficiais de justiça e ter como perspectiva apenas uma velhice medonha, um hospital e um monturo; concluireis que sou uma das mais infelizes criaturas do mundo."

Paquette abria assim o coração para o bom Cândido, num escritório, na presença de Martinho, que dizia a Cândido: "Estais vendo que já ganhei a metade da aposta".

O irmão Giroflée tinha ficado no refeitório, e bebia algo enquanto esperava o jantar. "Mas", disse Cândido a Paquette, "a senhora tinha um ar tão alegre, tão contente quando a encontrei; estava cantando, acariciava o teatino com uma complacência natural; parecera-me tão feliz quanto vos mostrais agora desafortunada." "Ah, meu senhor", respondeu Paquette, "eis mais uma das misérias do ofício. Ontem fui roubada e espancada por um oficial, e hoje tenho de parecer de bom humor para agradar a um monge."

Cândido não quis saber mais daquilo, admitiu que Martinho tinha razão. Puseram-se à mesa com Paquette e o teatino; a refeição foi bastante divertida, e no final se falaram com alguma confiança. "Padre", disse Cândido ao monge, "vós pareceis desfrutar de um destino que todo o mundo deve invejar; a flor da saúde brilha no vosso rosto, a vossa fisionomia anuncia a felicidade; tendes uma moça muito bonita para vossa recreação e pareceis muito contente com o vosso estado de teatino."

"Por minha fé, meu senhor", disse o irmão Giroflée, "eu queria que todos os teatinos estivessem no fundo do mar. Tenho sido tentado cem vezes a atear fogo ao convento e ir fazer-me turco. Meus pais me forçaram, na idade de quinze anos, a vestir estas detestáveis vestes, para deixar mais fortuna para um maldito irmão mais velho, que Deus confunda! O ciúme, a discórdia, a raiva, habitam o convento. É verdade que preguei alguns maus sermões que me renderam um pouco de dinheiro, do qual o prior me rouba a metade; o resto me serve para manter mulheres; mas, quando volto à noite para o mosteiro, estou prestes a arrebentar a cabeça nas paredes do dormitório; e todos os meus confrades estão no mesmo caso."

Martinho, voltando-se para Cândido com o seu sangue-frio costumeiro: "Pois bem", disse-lhe, "não ganhei a aposta inteira?". Cândido deu duas mil piastras a Paquette e mil piastras ao irmão Giroflée. "Respondo-vos", disse, "que com isso serão felizes." "Não acredito, absolutamente", disse Martinho; "talvez os torneis, com essas piastras, muito mais infelizes ainda." "Será o que puder ser", disse Cândido, "mas uma coisa me consola: vejo que amiúde se reencontra as pessoas que não se acreditava jamais reencontrar; é bem possível que tendo encontrado o meu carneiro vermelho e Paquette eu encontre também Cunegunda." "Eu desejo", disse Martinho, "que ela faça um dia a vossa felicidade; mas é algo de que duvido muito." "Sois bem duro", disse Cândido. "É o que eu vivi", disse Martinho.

"Mas olhai para esses gondoleiros", disse Cândido; "não cantam sem parar?" "Vós não os vedes em suas casas, com a mulher e os fedelhos dos filhos", disse Martinho. "O doge tem as suas mágoas, os gondoleiros têm as deles. É verdade que, afinal de contas, a sorte de um gondoleiro é preferível à de um doge; mas acho a diferença tão medíocre que isso não vale a pena ser examinado."

"Fala-se", disse Cândido, "do senador Pococurantè, que mora neste belo palácio na Brenta, e que recebe bastante bem os estrangeiros. Dizem que é um homem que nunca teve mágoas." "Gostaria de ver uma espécie tão rara", disse Martinho. Cândido logo pediu ao sr. Pococurantè permissão para ir vê-lo no dia seguinte.

Nova viagem para a Itália. La Haye, Van Bulderen, 1727, in-12.

25 Visita ao Sr. Pococurantè, nobre veneziano

Cândido e Martinho foram de gôndola pelo Brenta e chegaram ao palácio do nobre Pococurantè. Os jardins eram bem tratados e ornados de belas estátuas de mármore, o palácio, de uma linda arquitetura. O dono da residência, homem de sessenta anos, muito rico, recebeu muito cortesmente os dois curiosos, mas com muito pouco entusiasmo, o que desconcertou Cândido, e não desagradou nem um pouco a Martinho.

Primeiro, duas moças bonitas e bem vestidas serviram chocolate, que elas fizeram espumar muito bem. Cândido não pôde evitar elogiá-las pela sua beleza, pelo seu bom grado e pela sua destreza. "São bastante boas criaturas", disse o senador Pococurantè; "eu as faço às vezes dormir em minha cama, pois estou bem cansado das damas da cidade, de suas coqueterias, de seus ciúmes, de suas brigas, de seus humores, de suas pequenezas, de seu orgulho, de suas tolices e dos sonetos que é preciso fazer ou encomendar para elas; mas, depois de tudo, essas duas moças começam a me entediar muito."

Cândido, depois do almoço, passeando por uma longa galeria, ficou surpreso com a beleza dos quadros. Perguntou de que mestre eram os dois primeiros. "São de Rafael", disse o senador; "comprei-os muito caro, por vaidade, faz alguns anos; dizem que é o que há de mais belo na Itália, mas eles não me agradam nem um pouco; a cor está muito escurecida; as figuras não são suficientemente arredondadas e não se sobressaem o bastante; os drapejados não se parecem nada com um tecido. Numa palavra, digam o que disserem, não encontro nelas uma imitação verdadeira da natureza. Só gostarei de um quadro quando acreditar ver a própria natureza: não existem dessa espécie. Tenho muitos quadros, mas não olho mais para eles."

Pococurantè, enquanto esperavam o jantar, mandou que lhe dessem um concerto. Cândido achou a música deliciosa. "Esse barulho", disse Pococurantè, "pode agradar durante meia hora; mas, se durar mais do que isso, cansa todo o mundo, embora ninguém ouse confessá-lo. A música hoje não passa da arte de executar coisas difíceis; e aquilo que é apenas difícil não agrada com o passar do tempo.

"Talvez eu gostasse mais de ópera se não tivessem encontrado o segredo de fazer dela um monstro que me revolta. Quem quiser que vá ver más tragédias em música, onde as cenas só são feitas para levar, muito mal, a propósito, duas ou três canções ridículas que valorizam a garganta de uma atriz. Ficará pasmado de prazer quem quiser, ou quem puder, vendo um castrado cantarolar o papel de César e de Catão, e passear com um ar desajeitado sobre o tablado. Quanto a mim, faz muito tempo que renunciei a essas pobrezas, que fazem hoje a glória da Itália, e pelas quais soberanos pagam tão caro." Cândido discutiu um pouco, mas com discrição. Martinho concordou inteiramente com a opinião do senador.

Puseram-se à mesa; e, depois de um excelente jantar, entraram na biblioteca. Cândido, ao ver um Homero magnificamente encadernado, louvou o ilustríssimo pelo seu bom gosto. "Eis", disse ele, "um livro que fazia as delícias do grande Pangloss, o melhor filósofo da Alemanha." "Não faz as minhas", disse friamente Pococurantè; "fizeram-me acreditar outrora que eu teria prazer em lê-lo. Mas essa repetição contínua de combates que são todos parecidos, esses deuses que agem sempre para nada fazer de decisivo; essa Helena que é o motivo da guerra, e que quase não é uma atriz da peça; essa Troia que assediam e que não tomam; tudo isso me causava o mais mortal dos tédios. Perguntei algumas vezes a eruditos se eles se entediavam tanto quanto eu com essa leitura. Todas as pessoas sinceras me confessaram que o livro lhes caía das mãos, mas que era sempre preciso tê-lo na biblioteca, como um monumento da Antiguidade, e como essas medalhas enferrujadas que não podem ser comerciadas."

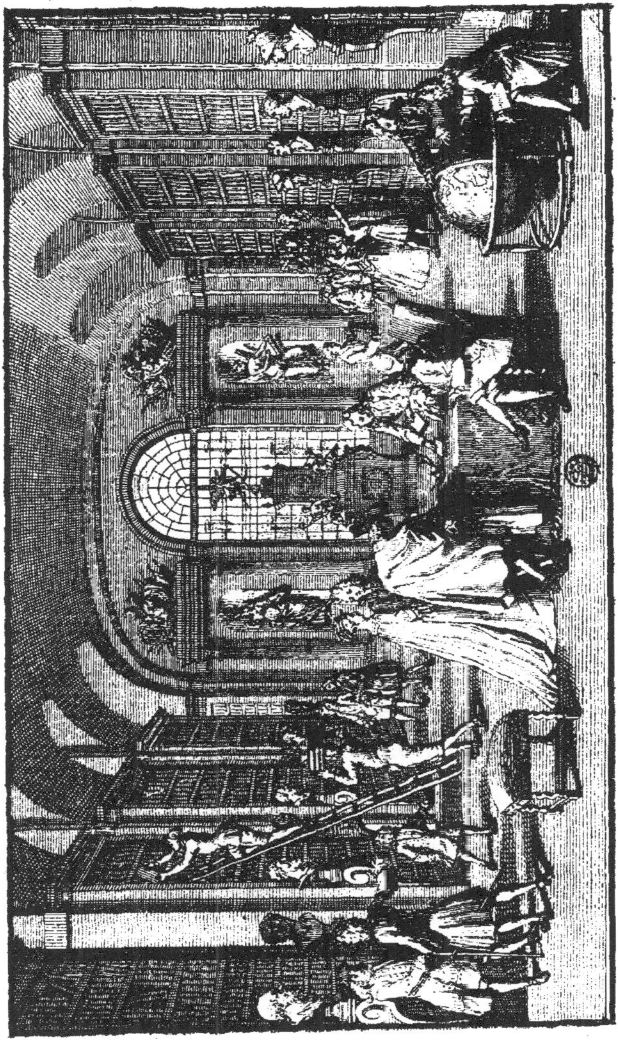

Gr. de Bernard Picart.

"Vossa Excelência pensa assim de Virgílio?", disse Cândido. "Concordo", disse Pococurantè, "que o segundo, o quarto e o sexto livro de sua Eneida são excelentes; mas quanto ao seu piedoso Eneias, e o forte Cloanto, e o amigo Acestes, e o pequeno Ascânio, e o imbecil Latino, e a burguesa Amata, e a insípida Lavínia, não acredito que haja nada de tão frio e de mais desagradável. Prefiro o Tasso, e os contos de fazer dormir em pé de Ariosto."

"Ousaria eu perguntar-vos, meu senhor", disse Cândido, "se não tendes grande prazer em ler Horácio?" "Há máximas", disse Pococurantè, "de que um homem mundano pode tirar proveito, e que, estando inseridas em versos enérgicos, se gravam mais facilmente na memória. Mas me interesso muito pouco por sua viagem a Brindes, e por sua descrição de um mau jantar, e pela briga dos carregadores entre não sei qual *Pupilus*, cujas palavras, disse ele, estavam cheias de pus, e um outro cujas palavras *eram vinagre*. Só li com extrema repugnância aqueles versos grosseiros contra velhas e contra feiticeiras, e não vejo que mérito pode haver em dizer ao seu amigo Mecenas que, se for colocado por ele no rol dos poetas líricos, ele baterá nos astros com sua fronte sublime. Os tolos admiram tudo num autor estimado. Eu só leio para mim, só gosto daquilo que serve ao meu uso." Cândido, que havia sido educado para nunca julgar nada por si mesmo, estava muito espantado com o que ouvia, e Martinho achava a maneira de pensar de Pococurantè bastante razoável.

"Oh, eis um Cícero", disse Cândido: "quanto a esse grande homem, penso que não vos cansais de lê-lo." "Não o leio nunca", respondeu o veneziano. "Que me importa que ele tenha defendido em juízo Rabirius ou Cluentius? Tenho suficientes processos que julgo; eu me adaptaria melhor às suas obras filosóficas, mas, quando vi que ele duvidava de tudo, concluí que eu sabia tanto quanto ele, e que não precisava de ninguém para ser ignorante."

"Ah! Eis oitenta volumes de coletâneas de uma academia de ciências", exclamou Martinho; "pode ser que haja aí boas coisas." "Haveria", disse Pococurantè, "se um só dos autores dessas mixórdias tivesse inventado somente a arte de fazer alfinetes; mas em todos esses livros só há vãos sistemas, e nenhuma coisa útil."

"Quantas peças de teatro estou vendo aqui!", disse Cândido, "em italiano, em espanhol, em francês!" "Sim", disse o senador, "há três mil delas, e nem três dúzias são boas. Quanto a essas coletâneas de sermões, que todos juntos não valem uma página de Sêneca, e todos esses grossos volumes de teologia, bem sabeis que nunca os abro, nem eu nem ninguém."

Martinho viu prateleiras cheias de livros ingleses. "Acredito", disse ele, "que um republicano deve comprazer-se com a maioria destas obras escritas tão livremente." "Sim", respondeu Pococurantè, "é belo escrever o que se pensa; é o privilégio do homem. Em toda a nossa Itália só se escreve o que não se pensa; os que habitam a pátria dos Césares e dos Antoninos não ousam ter uma ideia sem a permissão de um jacobino. Eu ficaria contente com a liberdade inspirada pelos gênios ingleses, se a paixão e o espírito de partido não corrompessem tudo o que essa preciosa liberdade tem de estimável."

Cândido, vendo um Milton, perguntou se ele não considerava esse autor como um grande homem. "Quem?", perguntou Pococurantè, "esse bárbaro que faz um longo comentário do primeiro capítulo do Gênesis em dez livros de versos duros? Esse grosseiro imitador dos gregos, que desfigura a criação e que, enquanto Moisés representa o Ser Eterno produzindo o mundo pela palavra, faz o Messias pegar um grande compasso num armário do céu para traçar a sua obra? Eu estimaria aquele que estragou o inferno e o diabo de Tasso; que disfarça lúcifer ora de sapo, ora de pigmeu; que lhe faz rebater cem vezes os mesmos discursos; que lhe faz discutir sobre a teologia; que, imitando seriamente a invenção cômica das armas de fogo de Ariosto, faz disparar o canhão no céu pelos diabos? Nem eu nem ninguém na Itália pode se comprazer em todas essas tristes extravagâncias; e o casamento do pecado com a morte, e as cobras que dão à luz o pecado fazem vomitar todo homem que tenha o gosto um pouco delicado, e sua longa descrição de um hospital só é boa para um coveiro. Esse poema obscuro, bizarro e repugnante foi desprezado em seu nascimento; eu o trato hoje como foi tratado em sua pátria pelos contemporâneos. De resto, digo o que penso, e ligo muito pouco que os outros pensem como eu." Cândido estava aflito com esses discursos. Respeitava Homero, gostava um pouco de Milton. "Que pena!", disse baixinho a Martinho, "temo que este homem tenha um soberano desprezo por nossos poetas alemães." "Não haveria grande mal nisso", disse Martinho. "Oh, que homem superior!", dizia Cândido entre os dentes; "que grande gênio esse Pococurantè! Nada pode lhe agradar!"

Depois de passar assim em revista todos os livros, desceram para o jardim. Cândido louvou todas as belezas. "Não conheço nada de tão mau gosto", disse o mestre; "só temos aqui ninharias; mas vou, a partir de amanhã, mandar plantar um de um desenho mais nobre."

Quando os dois curiosos se despediram de Sua Excelência: "Ora", disse Cândido a Martinho, "haveis de convir que esse é o mais feliz de todos os homens; pois que está acima de tudo o que possui". "Não estais vendo", disse Martinho, "que ele está enfadado com tudo que possui? Platão disse, há muito tempo, que os melhores estômagos não são os que rejeitam todos os alimentos." "Mas", disse Cândido, "não existe prazer em criticar tudo, em sentir defeitos onde os outros homens acreditam ver belezas?" "Isto é", retomou Martinho, "há prazer em não ter prazer?" "Ora bem", disse Cândido, "então de feliz só existo eu, quando revir a senhorita Cunegunda." "É sempre bom esperar", disse Martinho.

Nesse ínterim, os dias, as semanas transcorriam; Cacambo não voltava, e Cândido estava tão abismado em sua dor que sequer refletiu que Paquette e o irmão Giroflée não tinham vindo sequer lhe agradecer.

26
De um jantar que Cândido e Martinho participaram com seis estrangeiros, e quem eles eram

Uma noite em que Cândido, acompanhado de Martinho, ia pôr-se à mesa com os estrangeiros que estavam hospedados na mesma estalagem, um homem de rosto cor de sebo abordou-o por trás e, tomando-o pelo braço, disse-lhe: “Ficai pronto para partir conosco. Não falteis”. Volta-se e vê Cacambo. Só mesmo a visão de Cunegunda poderia espantá-lo e agradá-lo mais. Esteve a ponto de ficar louco de alegria. Abraça o caro amigo. “Cunegunda está aqui, sem dúvida, onde está ela? Leve-me até ela, que eu morra de alegria com ela.” “Cunegunda não está aqui”, disse Cacambo, “ela está em Constantinopla.”

“Ah, Céus! Em Constantinopla! Mas estivesse ela na China, para lá eu voaria, partamos.”

"Partiremos depois do jantar", retomou Cacambo; "não posso dizer-vos mais a respeito; sou escravo, meu senhor me espera; tenho de ir servi-lo à mesa; não dizeis nenhuma palavra; jantai e ficai pronto."

Cândido, dividido entre a alegria e a dor, encantado por ter revisto o seu agente fiel, admirado por vê-lo escravo, cheio de vontade de reencontrar sua amada, o coração agitado, o espírito perturbado, pôs-se à mesa com Martinho, que via com sangue-frio todas aquelas aventuras, e com seis estrangeiros que tinham vindo passar o carnaval em Veneza.

Cacambo, que dava de beber a um daqueles seis estrangeiros, aproximou-se do ouvido de seu senhor, no final da refeição, e disse-lhe: "Senhor, Vossa Majestade partirá quando quiser, o navio está pronto". Tendo dito essas palavras, saiu. Os convivas, admirados, entreolhavam-se sem proferir uma única palavra, quando um outro empregado, aproximando-se do seu senhor, disse-lhe: "Senhor, a cadeira de Vossa Majestade está em Pádua, e o barco está pronto". O senhor fez um sinal e o empregado partiu. Todos os convivas se entreolharam novamente, e a surpresa comum redobrou. Um terceiro valete, aproximando-se também de um terceiro estrangeiro, disse-lhe: "Senhor, acreditai-me, Vossa Majestade não deve ficar aqui por mais tempo, vou preparar tudo"; e logo desapareceu.

Cândido e Martinho não duvidaram então de que fora uma mascarada do carnaval. Um quarto empregado disse ao quarto senhor: "Vossa Majestade partirá quando quiser", e saiu como os demais. O quinto valete disse a mesma coisa ao quinto senhor. Mas o sexto valete falou diferentemente ao sexto estrangeiro que estava ao lado de Cândido; ele lhe disse: "Por minha fé, Senhor, não querem mais dar crédito a Vossa Majestade, nem tampouco a mim; e bem poderíamos estar presos esta noite, vós e eu; vou cuidar dos meus negócios; adeus".

Tendo todos os empregados desaparecido, os seis estrangeiros, Cândido e Martinho ficaram num profundo silêncio. Enfim, Cândido o rompeu. "Meus senhores", disse, "eis uma singular brincadeira, por quê, sois todos reis? Quanto a mim, confesso-vos que nem eu nem Martinho o somos."

O senhor de Cacambo tomou então solenemente a palavra e disse em italiano: "Não estou sendo engraçado, chamo-me Ahmed III. Fui grande sultão por vários anos; destronei meu irmão; meu sobrinho me destronou; cortaram o pescoço de meus vizires; termino a minha vida num velho serralho. Meu sobrinho, o grande sultão Mahmud, permite-me viajar, às vezes, por causa da minha saúde, e vim passar o carnaval em Veneza".

Um rapaz que estava ao lado de Ahmed falou depois dele e disse: "Eu me chamo Ivan; fui imperador de todas as Rússias; fui destronado ainda no berço: meu pai e minha mãe foram presos; criaram-me na prisão: tenho, ocasionalmente, a permissão de viajar, acompanhado daqueles que me guardam, e vim passar o carnaval em Veneza".

O terceiro disse: "Sou Carlos Eduardo, rei da Inglaterra; o meu pai cedeu-me seus direitos ao reino. Combati para garanti-los; arrancaram o coração de oitocentos dos meus partidários e bateram-lhes nas faces. Fui posto na prisão, vou a Roma fazer uma visita ao rei, meu pai, destronado, assim como eu e o meu avô, e vim passar o carnaval em Veneza".

O quarto tomou, então, a palavra e disse: "Sou o rei dos polacos; a sorte da guerra privou-me dos meus Estados hereditários; meu pai experimentou os mesmos reveses; resigno-me à Providência como o sultão Ahmed, o imperador Ivan e o rei Carlos Eduardo, a quem Deus dê uma longa vida, e vim passar o carnaval em Veneza".

O quinto disse: "Sou também rei dos polacos; perdi o meu reino duas vezes; mas a Providência deu-me outro Estado, no qual fiz mais bem do que todos os reis dos sarmatas juntos nunca puderam fazer às margens do Vístula; resigno-me também à Providência; e vim passar o carnaval em Veneza".

Restava falar o sexto monarca. "Senhores", disse ele, "não sou tão grande senhor quanto vós; mas, enfim, fui rei como qualquer outro. Sou Teodoro; elegeram-me rei da Córsega; chamaram-me de Vossa Majestade, e atualmente mal me chamam de senhor. Mandei cunhar moeda e não possuo um tostão; tive dois secretários de Estado e mal tenho um valete. Vi-me num trono e fiquei por muito tempo em Londres, na prisão, sobre a palha. Tenho muito medo de ser tratado da mesma forma aqui, embora tenha vindo, como Vossas Majestades, passar o carnaval em Veneza."

Os cinco outros reis escutaram esse discurso com nobre compaixão. Cada um deles deu vinte cequins ao rei Teodoro para comprar ternos e camisas; e Cândido deu-lhe de presente um diamante de dois mil cequins. "Quem é, pois", diziam os cinco reis, "esse simples particular que está em condição de dar cem vezes mais do que cada um de nós, e que o dá?"

No instante em que se saía da mesa, chegaram à mesma hospedaria quatro altezas serenissimas, que tinham perdido os seus Estados pela sina da guerra, e que vinham passar o resto do carnaval em Veneza. Mas Cândido não tomou nenhum cuidado com esses recém-chegados. Só estava ocupado com ir encontrar a sua querida Cunegunda em Constantinopla.

Medalha de prata de Teodoro, rei da Córsega.

27
Viagem de Cândido a Constantinopla

O fiel Cacambo já havia obtido do patrão turco que ia reconduzir o sultão Ahmed a Constantinopla, que ele receberia Cândido e Martinho a bordo de sua embarcação. Um e outro foram para lá depois de terem se prosternado diante de Sua miserável Alteza. Cândido, durante o trajeto, dizia a Martinho: "Eis, entretanto, seis reis destronados, com os quais jantamos, e ainda entre esses seis reis há um a quem dei esmola. Talvez haja muitos outros príncipes mais desafortunados. Quanto a mim, só perdi cem carneiros, e voo para os braços de Cunegunda. Meu caro Martinho, mais uma vez, Pangloss tinha razão: tudo está bem". "Assim desejo", disse Martinho. "Mas", disse Cândido, "eis uma aventura bem pouco verossímil que tivemos em Veneza. Jamais se viu nem se ouviu contar que seis reis destronados jantassem juntos na taverna." "Isso não é mais extraordinário", disse Martinho, "do que a maioria das coisas que nos aconteceram. É muito comum que reis sejam destronados; e, com relação à honra que tivemos de jantar com eles, é uma bagatela que não merece a nossa atenção."

Mal Cândido entrou no barco, saltou ao pescoço de seu antigo valete, de seu amigo Cacambo. "Pois bem!", disse ele, "o que faz Cunegunda? Continua sendo um prodígio de beleza? Continua me amando? Como está ela? Por certo compraste para ela um palácio em Constantinopla?"

"Meu caro mestre", respondeu Cacambo, "Cunegunda lava tigelas à beira da Propôntida, na casa de um príncipe que tem muito poucas tigelas; ela é escrava na casa de um antigo soberano chamado Ragotski, a quem o Grande Turco dá três escudos por dia em seu asilo; mas o que é bem mais triste é que ela perdeu a beleza e se tornou horrivelmente feia." "Ah! Bela ou feia", disse Cândido, "sou um homem honesto, e meu dever é amá-la sempre. Mas como ela pode estar reduzida a um estado tão abjeto com os cinco ou seis milhões que tinhas trazido?" "Bom", disse Cacambo, "não me foi preciso dar dois milhões ao senhor dom Fernando de Ibaraa y Figueora y Mascarenes y Lampourdos y Souza, governador de Buenos Aires, para ter a permissão de recuperar a senhorita Cunegunda? E um pirata não nos despojou bravamente de todo o resto? Esse pirata não nos levou ao cabo de Matapan, a Milo, a Nicária, a Samos, a Petra, aos Dardanelos, a Mármara, a Scutari? Cunegunda e a velha servem na casa desse príncipe de que vos falei, e eu sou escravo do sultão destronado." "Que espantosas calamidades concatenadas umas às outras!", disse Cândido. "Mas, depois de tudo, tenho ainda alguns diamantes; libertarei facilmente Cunegunda. É mesmo uma pena que ela tenha se tornado tão feia."

Em seguida, voltando-se para Martinho: "Quem pensais que seja mais de se lamentar, o imperador Ahmed, o imperador Ivan, o rei Carlos Eduardo ou eu?". "Não sei de nada", disse Martinho; "seria preciso que eu estivesse em vossos corações para sabê-lo." "Ah!", disse Cândido, "se Pangloss estivesse aqui, ele o saberia e nos informaria." "Não sei", disse Martinho, "com que balanças o vosso Pangloss teria podido pesar os infortúnios dos homens e apreciar as suas dores. Tudo o que presumo é que existem milhões de homens na terra cem vezes mais de se lamentar do que o rei Carlos Eduardo, o imperador Ivan e o sultão Ahmed." "Pode bem ser", disse Cândido.

Chegaram em poucos dias ao canal do mar Negro. Cândido começou por resgatar Cacambo bem caro, e, sem perda de tempo, lançou-se numa galera, com os companheiros, para ir à beira da Propôntida buscar Cunegunda, por mais feia que ela pudesse estar.

Ozanne, obra citada.

Havia entre os galés dois que remavam muito mal, e aos quais o patrão levantino aplicava de vez em quando alguns golpes de nervo de boi em seus ombros nus; Cândido, por um movimento natural, olhou para eles mais atentamente do que para os outros galés, e aproximou-se deles com piedade. Alguns traços de seus rostos desfigurados lhe pareceram ter um pouco de semelhança com Pangloss e com aquele jesuíta infeliz, aquele barão, aquele irmão da senhorita Cunegunda. Essa ideia o comoveu e entristeceu. Fitou-os ainda mais atentamente. "Na verdade", disse ele a Cacambo, "se eu não tivesse visto enforcar o mestre Pangloss, e se não tivesse tido a desgraça de matar o barão, acreditaria que são eles que estão remando nesta galera."

Ao ouvir o nome do barão e o de Pangloss, os dois galés lançaram um grande grito, pararam em seus bancos e deixaram cair os remos. O patrão levantino acorreu até eles, e os golpes de nervo de boi redobraram. "Parai! Parai, senhor!", bradou Cândido, "darei tanto dinheiro quanto quiserdes." "Quê?! É Cândido!", dizia um dos galés. "Quê?! É Cândido!", dizia o outro. "Será que é um sonho?", disse Cândido. "Eu acordei? Estou mesmo nesta galera? Será que está ali o senhor barão a quem matei? Será que está ali o mestre Pangloss que eu vi enforcarem?"

"Somos nós mesmos, somos nós mesmos", responderam eles. "Quê! Está ali aquele grande filósofo?", disse Martinho. "Eh! Senhor patrão levantino", disse Cândido, "quanto dinheiro quereis pelo resgate do senhor de Thunder-ten-tronckh, um dos primeiros barões do império, e do senhor Pangloss, o mais profundo metafísico da Alemanha?" "Cachorro de cristão", respondeu o patrão levantino, "uma vez que esses dois cachorros de condenados cristãos são barões e metafísicos, o que é sem dúvida grande dignidade em seus países, me darás por eles cinquenta mil cequins." "Vós os tereis, meu senhor; levai-me como um relâmpago a Constantinopla e recebereis imediatamente. Ou melhor, levai-me à casa da senhorita Cunegunda." O patrão levantino, à primeira oferta de Cândido, já tinha virado a proa rumo à cidade e fazia remar mais rápido do que um pássaro fende os ares.

Cândido abraçou cem vezes o barão e Pangloss. "E como não vos matei, meu caro barão? E, meu caro Pangloss, como estais vivo depois de ter sido enforcado? E por que estais ambos nas galeras na Turquia?" "É mesmo verdade que a minha querida irmã está neste país?", dizia o barão. "Sim", respondeu Cacambo. "Estou revendo, pois, o meu caro Cândido!", exclamava Pangloss. Cândido apresentava-lhes Martinho e Cacambo. Todos se abraçavam, falavam todos ao mesmo tempo. A galera voava, eles já estavam no porto. Mandaram vir um judeu, a quem Cândido vendeu por cinquenta mil cequins um diamante do valor de cem mil, e que lhe jurou por Abraão que não podia dar mais do que isso. Ele pagou incontinente o resgate do barão e de Pangloss. Este se lançou aos pés de seu libertador e os banhou de lágrimas; o outro agradeceu-lhe com um sinal de cabeça e prometeu lhe devolver esse dinheiro na primeira ocasião. "Mas será mesmo possível que minha irmã esteja na Turquia?", dizia ele. "Nada é tão possível", retomou Cacambo, "visto que ela lava a louça na casa de um príncipe da Transilvânia." Logo mandaram vir dois judeus; Cândido vendeu mais dois dos diamantes; e partiram todos em uma outra galera para ir libertar Cunegunda.

B. Picart, *Cerimônias religiosas e costumes de todos os povos do mundo*, Amsterdã, 1937, in-8°, tome V.

28
O que aconteceu a Cândido, a Cunegunda, a Pangloss, a Martinho etc.

"Perdão, mais uma vez", disse Cândido ao barão; "perdão, meu reverendo padre, por vos ter dado um grande golpe de espada através do corpo." "Não falemos mais nisso", disse o barão; "eu fui um pouco vivo demais, confesso; mas, já que quereis saber por que azar me vistes nas galeras, eu vos direi que, depois de ter sido curado do meu ferimento pelo irmão apotecário do colégio, fui atacado e sequestrado por um partido espanhol; puseram-me numa prisão em Buenos Aires no momento em que minha irmã acabava de partir de lá. Pedi para voltar a Roma junto do superior-geral. Fui nomeado para ir servir de capelão em Constantinopla, junto do senhor embaixador da França. Não fazia oito dias que eu assumira a minha função, quando encontrei, ao cair da tarde, um jovem icoglã de muito boa aparência. Estava fazendo muito calor: o jovem quis tomar banho; aproveitei a ocasião para tomar banho também. Não sabia que era um crime capital para um cristão encontrar-se inteiramente nu com um jovem muçulmano. Um cadi mandou dar-me cem cacetadas na planta dos pés e condenou-me às galerias. Não acredito que se tenha feito uma injustiça mais horrível. Mas eu gostaria muito de saber por que a minha irmã está na cozinha de um soberano da Transilvânia refugiado entre os turcos."

"Mas vós, meu caro Pangloss", disse Cândido, "como pode que eu vos reveja?" "É verdade", disse Pangloss, "que me vistes ser enforcado; eu deveria naturalmente ser queimado; mas vos lembrais que choveu a cântaros quando iam me cozer: a tempestade foi tão violenta que desesperaram de acender a fogueira; fui enforcado, porque não se pôde fazer melhor: um cirurgião comprou o meu corpo, levou-me para a sua casa e me dissecou. Primeiro fez-me uma incisão crucial do umbigo até a clavícula. Não se podia ter sido mais mal enforcado do que eu tinha sido. O executor das altas obras da Santa Inquisição, que era um subdiácono, queimava na verdade as pessoas às mil maravilhas, mas não estava acostumado a enforcar: a corda estava molhada e escorregou mal, dando um nó; enfim, eu ainda respirava: a incisão crucial me fez lançar um grito tão alto que o meu cirurgião caiu para trás, e, acreditando que dissecava o diabo, fugiu morrendo de medo, e ainda caiu da escada, ao fugir. Sua mulher acorreu com o barulho de um gabinete vizinho; ela me viu sobre a mesa com minha incisão crucial: teve ainda mais medo do que o marido, fugiu e caiu em cima dele. Quando voltaram um pouco a si, ouvi a cirurgiã que dizia ao cirurgião: 'Meu bom amigo, de onde vos veio a ideia de dissecar um herege? Não sabeis que o diabo está sempre no corpo dessa gente? Vou depressa buscar um padre para exorcizá-lo'. Estremeci ao ouvir essas palavras, e juntei as poucas forças que me restavam, para gritar: 'Tende piedade de mim!'. Enfim o barbeiro português arriscou: costurou a minha pele; sua mulher mesma cuidou de mim; pus-me de pé ao cabo de quinze dias. O barbeiro arranjou-me uma ocupação e me fez lacaio de um cavaleiro de Malta que estava indo para Veneza; mas, não tendo o meu senhor com que me pagar, pus-me a serviço de um mercador veneziano e o segui até Constantinopla.

Um dia fui tomado pela fantasia de entrar numa mesquita: só havia lá um velho imã e uma jovem devota muito linda, que recitava os seus pais-nossos; seu colo estava todo descoberto; tinha entre os seus dois seios um belo buquê de tulipas, rosas, anêmonas, ranúnculos, jacintos, orelhas-de-urso; ela deixou cair seu buquê; eu o recolhi, e o entreguei a ela com um zelo muito respeitoso. Demorei tanto para entregá-lo que o imã se encolerizou, e, vendo que eu era cristão, gritou por ajuda. Levaram-me até o cadi, que mandou me darem cem bordoadas na planta dos pés, e me mandou para as galeras. Fui acorrentado precisamente na mesma galera e no mesmo banco que o senhor barão. Havia nessa galera quatro jovens de Marselha, cinco padres napolitanos e dois monges de Corfu, que nos disseram que semelhantes aventuras aconteciam todos os dias. O senhor barão achava que havia sofrido uma injustiça maior do que a minha; eu achava que era muito mais permitido recolocar um buquê no pescoço de uma mulher do que ficar nu com um icoglã.

Imam, Ministre d'une Mosquée.

Discutíamos sem cessar e recebíamos vinte golpes de nervo de boi por dia, quando o encadeamento dos eventos desse universo vos conduziu à nossa galera, e vós nos resgatastes."

"Pois bem, meu caro Pangloss", disse-lhe Cândido, "quando fostes enforcado, dissecado, moído de pancadas, e remastes nas galeras, continuastes pensando que tudo ia o melhor possível do mundo?" "Continuo sendo da minha primeira opinião", respondeu Pangloss, "pois afinal sou filósofo: não me convém desdizer-me; Leibniz, não pode estar errado, e a harmonia preestabelecida é, aliás, a mais bela coisa do mundo, bem como o pleno e a matéria sutil."

29
Como Cândido reencontrou Cunegunda e a velha

Enquanto Cândido, o barão, Pangloss, Martinho e Cacambo contavam as suas aventuras, debatiam sobre os acontecimentos contingentes ou não contingentes deste universo, discutiam sobre os efeitos e as causas, sobre o mal moral e sobre o mal físico, sobre a liberdade e a necessidade, sobre as consolações que se podem experimentar quando se está nas galeras na Turquia; aportaram na praia da Propôntida, na casa do príncipe da Transilvânia. Os primeiros objetos que se apresentaram foram Cunegunda e a velha, que estendiam toalhas em varais para fazê-las secar.

O barão empalideceu a essa visão. O terno amante Cândido, ao ver a sua bela Cunegunda carrancuda, os olhos rajados, o colo ressecado, as faces enrugadas, os braços vermelhos e escamados, recuou três passos tomado de horror e avançou em seguida, por bom procedimento. Ela abraçou Cândi-

Guer, obra citada.

do e o irmão; abraçaram a velha; Cândido resgatou a ambas.

Havia uma pequena casa de campo na vizinhança; a velha propôs a Cândido acomodar-se nela enquanto esperavam que todo o grupo tivesse um melhor destino. Cunegunda não sabia que tinha ficado feia, pois ninguém lhe avisara: ela relembrou a Cândido as suas promessas com um tom tão absoluto que o bom Cândido não ousou recusar. Informou, pois, ao barão que ia se casar com sua irmã. "Nunca aceitarei", disse o barão, "uma tal baixeza da parte dela, e uma tal insolência da vossa; essa infâmia jamais me será imputada: os filhos de minha irmã não poderiam entrar nos capítulos da Alemanha. Não, jamais minha irmã desposará, a não ser um barão do Império." Cunegunda atirou-se aos pés dele e os banhou de lágrimas; ele foi inflexível. "Senhor louco", disse-lhe Cândido, "eu te resgatei das galeras, paguei o teu resgate, paguei o da tua irmã; ela aqui lavava louças, ela está feia, eu tenho a bondade de fazer dela a minha mulher, e tu pretendes ainda opor-te a isso; eu te mataria de novo se acreditasse na minha cólera." "Tu ainda podes me matar", disse o barão, "mas não desposarás a minha irmã enquanto eu estiver vivo."

30
Conclusão

Cândido, no fundo do coração, não tinha nenhuma vontade de desposar Cunegunda. Mas a impertinência do Barão o determinava a concluir o casamento, e Cunegunda o pressionava tão vivamente que ele não podia se desdizer. Consultou Pangloss, Martinho e o fiel Cacambo. Pangloss fez um belo relatório pelo qual provava que o barão não tinha nenhum direito sobre a irmã, e que ela podia, segundo todas as leis do Império, desposar Cândido com a mão esquerda. Martinho concluiu que ia jogar o barão no mar; Cacambo decidiu que se devia entregá-lo ao patrão levantino e devolvê-lo às galeras; após o que o enviariam a Roma, ao superior geral, pelo primeiro barco. A opinião foi considerada muito boa; a velha aprovou-a; não se disse nada à sua irmã; a coisa foi executada mediante algum dinheiro e teve-se o prazer de agarrar um jesuíta e de punir o orgulho de um barão alemão.

Era totalmente natural imaginar que, depois de tantos desastres, Cândido, casado com sua amante e vivendo com o filósofo Pangloss, o filósofo Martinho, o prudente Cacambo e a velha, tendo, aliás, trazido tantos diamantes da pátria dos antigos incas, levaria a vida mais agradável do mundo; mas foi tão surrupiado pelos judeus que não lhe restou mais nada a não ser a sua pequena chácara; sua mulher, tornando-se a cada dia mais feia, tornou-se rabugenta e insuportável; a velha estava enferma, e com um mau humor ainda maior do que o de Cunegunda. Cacambo, que trabalhava na horta e ia vender legumes em Constantinopla, estava com excesso de trabalho e maldizia o destino. Pangloss estava desesperado por não brilhar em alguma universidade da Alemanha. Quanto a Martinho, estava firmemente persuadido de que se está igualmente mal por toda parte, e levava as coisas com paciência. Cândido, Martinho e Pangloss discutiam, às vezes, sobre metafísica e moral. Via-se com frequência passar sob as janelas da chácara barcos carregados de efêndis, de paxás, de cadis, que eram enviados para o exílio em Lemnos, em Mitilene, em Erzurum. Viam-se chegar outros cadis, outros paxás, outros efêndis, que assumiam o lugar dos expulsos e que eram expulsos por sua vez. Viam-se cabeças corretamente empalhadas que iam ser apresentadas à Sublime Porta. Esses espetáculos faziam redobrar as dissertações; e, quando não se discutia, o tédio era tão excessivo que a velha ousou um dia dizer-lhes: “Eu gostaria de saber o que é pior, ser violada cem vezes por piratas negros, ter uma nádega cortada, passar pelas chibatas na terra dos búlgaros, ser chicoteado e enforcado num auto de fé, ser dissecado, remar nas galeras, experimentar enfim todas as misérias pelas quais todos nós passamos, ou ficar sem fazer nada?". "É uma boa pergunta", disse Cândido.

Esse discurso fez nascerem novas reflexões, e Martinho, sobretudo, concluiu que o homem tinha nascido para viver nas convulsões da inquietude ou na letargia do tédio. Cândido não concordava, mas não garantia nada. Pangloss confessava que sempre tinha sofrido horrivelmente; porém tendo sustentado uma vez que tudo ia às mil maravilhas, continuava sustentando-o, e não acreditava em nada disso.

Uma coisa acabou por confirmar Martinho em seus detestáveis princípios, por fazer Cândido hesitar mais do que nunca e por embaraçar Pangloss; é que viram um dia chegar à chácara Paquette e o irmão Giroflée, que estavam na mais extrema miséria: tinham comido bem depressa as suas três mil piastras, tinham se separado, tinham se reconciliado, tinham se desentendido, tinham sido postos na prisão, tinham fugido, e, finalmente, o irmão Giroflée se fizera turco. Paquette continuava o seu ofício por toda parte e, com isso, não ganhava mais nada. "Eu bem que tinha previsto isso", disse Martinho a Cândido, "que os vossos presentes logo seriam dissipados e só os tornariam mais miseráveis. Regurgitastes milhões de piastras, vós e Cacambo e não estais mais felizes do que o irmão Giroflée e Paquette." "Ah, ah", disse Pangloss a Paquette, "o céu vos traz de volta aqui entre nós, minha pobre menina! Sabeis muito bem que me custastes a ponta do nariz, um olho e uma orelha? Como estais aí feita! E que mundo é este!" Essa nova aventura os levou a filosofar mais do que nunca.

Havia na vizinhança um dervixe famosíssimo, que passava pelo melhor filósofo da Turquia; foram consultá-lo; Pangloss tomou a palavra e lhe disse: "Mestre, viemos rogar-vos que nos diga por que um animal tão estranho quanto o homem foi formado".

"Com o que te envolves?", disse o dervixe, "Isso é problema teu?" "Mas, meu reverendo padre", disse Cândido, "há, horrivelmente, mal sobre a terra." "Que importa", disse o dervixe, "que haja mal ou bem? Quando Sua Alteza envia um navio ao Egito, acaso se interessa se os ratos que estão no navio estão confortáveis ou não?" "Que é preciso fazer então?", disse Pangloss. "Tu te calares", disse o dervixe. "Eu me lisonjeava", disse Pangloss, "de discutir um pouco convosco sobre os efeitos e as causas, sobre o melhor dos mundos possíveis, sobre a origem do mal, sobre a natureza da alma e sobre a harmonia preestabelecida." O dervixe, a essas palavras, fechou-lhe a porta no nariz.

Durante essa conversa, espalhara-se a notícia de que tinham acabado de estrangular, em Constantinopla, dois vizires do banco e o mufti, e que se tinham empalado vários de seus amigos. Essa catástrofe fazia por toda parte um grande alarido durante algumas horas. Pangloss, Cândido e Martinho, voltando à pequena chácara, encontraram um bom velhinho que tomava a fresca diante da porta sob um caramanchão de laranjeiras. Pangloss, que era tão curioso quanto argumentador, perguntou-lhe como se chamava o mufti que acabavam de estrangular. "Não sei de nada", respondeu o homem, "e nunca soube o nome de nenhum mufti, nem de nenhum vizir. Ignoro absolutamente a aventura de que me falais; presumo que, em geral, aqueles que se envolvem com assuntos públicos perecem às vezes miseravelmente, e que eles o merecem; mas nunca me informo sobre o que se faz em Constantinopla; contento-me com mandar vender lá os frutos do jardim que cultivo." Tendo dito essas palavras, mandou entrar os estrangeiros em sua casa: suas duas filhas e seus dois filhos lhes apresentaram várias espécies de sorvetes que eles mesmos faziam, de kaymak salpicado de cascas de cidra cristalizada, de laranja, de limão, de abacaxi, de pistache, de café de mocha, que não era misturado com o café ruim da Batávia e das ilhas. Após o que as duas filhas daquele bom muçulmano perfumaram as barbas de Cândido, de Pangloss e de Martinho.

"Deveis ter", disse Cândido ao turco, "uma vasta e magnífica terra?" "Tenho apenas uns vinte alqueires", respondeu o turco; "eu os cultivo com meus filhos; o trabalho afasta de nós três grandes males: o tédio, o vício e a necessidade."

Cândido, ao voltar para a chácara, fez profundas reflexões sobre o discurso do turco. Disse a Pangloss e a Martinho: "Esse bom ancião me parece ter feito para si uma sorte bem preferível àquela dos seis reis com quem tivemos a honra de jantar". "As grandezas", disse Pangloss, "são muito perigosas, segundo o relato de todos os filósofos. Pois enfim Eglom, rei dos moabitas, foi assassinado por Eúde; Absalão foi pendurado pelos cabelos e perfurado com três dardos; o rei Nadabe, filho de Jeroboão, foi morto por Baasa; o rei Ela, por Zambri; Ocozias, por Jeú; Atalia, por Joiada; os reis Joaquim, Jeconias, Sedecias foram escravizados. Sabeis como pereceram Creso, Astíage, Dario, Dionísio de Siracusa, Pirro, Perseu, Aníbal, Jugurta, Ariovisto, César, Pompeu, Nero, Óton, Vitélio, Domiciano, Ricardo II da Inglaterra,

Eduardo II, Henrique VI, Ricardo III, Maria Stuart, Carlos I, os três Henriques da França, o imperador Henrique IV? Vós sabeis..." "Sei também", disse Cândido, "que é preciso cultivar o nosso jardim." "Tendes razão", disse Pangloss; "pois quando o homem foi posto no Jardim do Éden, foi ali colocado *ut operaretur eum*, para que trabalhasse; o que prova que o homem não nasceu para o repouso." "Trabalhemos sem argumentar", disse Martinho, "é o único meio de tornar a vida suportável."

Toda a pequena sociedade entrou nesse louvável desígnio: cada um se pôs a exercer os seus talentos. A pequena terra rendeu muito. Cunegunda estava na verdade bem feia, mas se tornou uma excelente confeiteira; Paquette bordava; a velha cuidou da roupa. Até mesmo o irmão Giroflée prestou serviço: foi um marceneiro muito bom, e até se tornou um homem honesto; e Pangloss dizia, ocasionalmente, a Cândido: "Todos os acontecimentos estão encadeados no melhor dos mundos possíveis; pois, afinal, se não tivésseis sido expulso de um lindo castelo a grandes pontapés no traseiro pelo amor da senhorita Cunegunda, se não tivésseis sido submetido à Inquisição, se não tivésseis percorrido a América a pé, se não tivésseis dado um bom golpe de espada no barão, se não tivésseis perdido todos os vossos carneiros do bom país de Eldorado, não comeríeis aqui cidras cristalizadas e pistaches". "Isso está bem dito", respondeu Cândido, "mas é preciso cultivar o nosso jardim."

Ao leitor

Nossa edição reproduz o texto da edição original: CÂNDIDO OU O OTIMISMO. TRADUZIDO DO ALEMÃO DO SR. DR. RALPH, s.l.[Genebra Cramer], 1759. in-12 de 299 p.

A esse texto se acrescentaram as modificações introduzidas por Voltaire nas edições seguintes: CÂNDIDO OU O OTIMISMO. TRADUZIDO DO ALEMÃO DO SR. DR. RALPH. COM OS APÊNDICES ENCONTRADOS NO BOLSO DO DOUTOR QUANDO ESTE MORREU EM MINDEN, NO ANO DA GRAÇA DE 1759. [Genebra, Cramer], 1761, in-8°.

CÂNDIDO OU O OTIMISMO etc. s. 1. [Genebra, Cramer], 1764, in-8º.

O texto assim estabelecido é aquele da edição acadêmica oferecida pelo Sr. André Morize à *Société des Textes Français modernes*, Paris, Hachette, 1913, in-8º.

Vozes de Bolso

- *Assim falava Zaratustra* – Friedrich Nietzsche
- *O Príncipe* – Nicolau Maquiavel
- *Confissões* – Santo Agostinho
- *Brasil: nunca mais* – Mitra Arquidiocesana de São Paulo
- *A arte da guerra* – Sun Tzu
- *O conceito de angústia* – Søren Aabye Kierkegaard
- *Manifesto do Partido Comunista* – Friedrich Engels e Karl Marx
- *Imitação de Cristo* – Tomás de Kempis
- *O homem à procura de si mesmo* – Rollo May
- *O existencialismo é um humanismo* – Jean-Paul Sartre
- *Além do bem e do mal* – Friedrich Nietzsche
- *O abolicionismo* – Joaquim Nabuco
- *Filoteia* – São Francisco de Sales
- *Jesus Cristo Libertador* – Leonardo Boff
- *A Cidade de Deus – Parte I* – Santo Agostinho
- *A Cidade de Deus – Parte II* – Santo Agostinho
- *O conceito de ironia constantemente referido a Sócrates* – Søren Aabye Kierkegaard
- *Tratado sobre a clemência* – Sêneca
- *O ente e a essência* – Santo Tomás de Aquino
- *Sobre a potencialidade da alma* – De quantitate animae – Santo Agostinho
- *Sobre a vida feliz* – Santo Agostinho
- *Contra os acadêmicos* – Santo Agostinho
- *A Cidade do Sol* – Tommaso Campanella
- *Crepúsculo dos ídolos ou Como se filosofa com o martelo* – Friedrich Nietzsche
- *A essência da filosofia* – Wilhelm Dilthey
- *Elogio da loucura* – Erasmo de Roterdã
- *Utopia* – Thomas Morus
- *Do contrato social* – Jean-Jacques Rousseau
- *Discurso sobre a economia política* – Jean-Jacques Rousseau
- *Vontade de potência* – Friedrich Nietzsche
- *A genealogia da moral* – Friedrich Nietzsche
- *O banquete* – Platão
- *Os pensadores originários* – Anaximandro, Parmênides, Heráclito
- *A arte de ter razão* – Arthur Schopenhauer
- *Discurso sobre o método* – René Descartes
- *Que é isto – A filosofia?* – Martin Heidegger
- *Identidade e diferença* – Martin Heidegger
- *Sobre a mentira* – Santo Agostinho
- *Da arte da guerra* – Nicolau Maquiavel
- *Os direitos do homem* – Thomas Paine
- *Sobre a liberdade* – John Stuart Mill

- *Defensor menor* – Marsílio de Pádua
- *Tratado sobre o regime e o governo da cidade de Florença* – J. Savonarola
- *Primeiros princípios metafísicos da Doutrina do Direito* – Immanuel Kant
- *Carta sobre a tolerância* – John Locke
- *A desobediência civil* – Henry David Thoureau
- *A ideologia alemã* – Karl Marx e Friedrich Engels
- *O conspirador* – Nicolau Maquiavel
- *Discurso de metafísica* – Gottfried Wilhelm Leibniz
- *Segundo tratado sobre o governo civil e outros escritos* – John Locke
- *Miséria da filosofia* – Karl Marx
- *Escritos seletos* – Martinho Lutero
- *Escritos seletos* – João Calvino
- *Que é a literatura?* – Jean-Paul Sartre
- *Dos delitos e das penas* – Cesare Beccaria
- *O anticristo* – Friedrich Nietzsche
- *À paz perpétua* – Immanuel Kant
- *A ética protestante e o espírito do capitalismo* – Max Weber
- *Apologia de Sócrates* – Platão
- *Da república* – Cícero
- *O socialismo humanista* – Che Guevara
- *Da alma* – Aristóteles
- *Heróis e maravilhas* – Jacques Le Goff
- *Breve tratado sobre Deus, o ser humano e sua felicidade* – Baruch de Espinosa
- *Sobre a brevidade da vida & Sobre o ócio* – Sêneca
- *A sujeição das mulheres* – John Stuart Mill
- *Viagem ao Brasil* – Hans Staden
- *Sobre a prudência* – Santo Tomás de Aquino
- *Discurso sobre a origem e os fundamentos da desigualdade entre os homens* – Jean-Jacques Rousseau
- *Cândido, ou o Otimismo* – Voltaire
- *Fédon* – Platão